수학교육학총서시리즈 Ⓐ 수학교육철학 4

심성함양으로서의 수학교육

강현영 지음

KM 경문사

머리말

‘심성함양’이라는 용어는 교과교육을 통하여 이르게 되는 이상적인 경지를 가리키는 용어에 해당된다. 수학교육 역시 ‘교육’인 한 ‘수학을 배움으로써 이르게 되는 심성함양이란 어떤 경지를 가르키는 것인가’라는 질문에 대한 대답이 한 부분으로 자리 잡아야 할 것이다.

요즈음 교육의 화두는 21세기 정보화, 세계화 교육으로서 무한경쟁 사회에서 사람들을 어떻게 교육시켜 살아가도록 만드는 가에 초점이 맞추어져 있다고 해도 과언이 아니다. 흔히 현재의 학교 교육은 시대에 동떨어져 있음을 지적하면서 교육 전반에 걸쳐 끊임없이 변화와 개혁이 추구되어야 한다고 생각한다. 그러나 시대를 관통하여 오늘날에 이르기까지 수학교육에 있어서 가장 중요한 문제 중 하나는 학교 수학의 인간 교육적 기반을 회복하는 것이다. 이를 위해서는 ‘수학을 가르치는 이유는 무엇인가’라는 보다 근원적인 문제에 대한 논의가 새롭게 요구되는 것이다.

이 책은 생활의 문제를 해결하거나 과학 기술 개발에 유용한 도구적 지식 교육을 지향하는 오늘날의 수학교육에 대한 문제의식에서 출발한다. 이러한 통념은 수학교육을 통해 길러지는 마음을 실제적인 문제 해결에 필요한 능력으로 규정하는 한 극복되기 어려울 것이다. 이에 따라 이 책에서는 이홍우의 ‘마음의 중층구조’ 이론에 비추어 본 교과교육론과 함수적 사고 교육을 중심으로 F. Klein의 수학교육론을 고찰하여 심성함양을 목적으로 하는 일반교양 교육으로서 수학교육의 의미를 재조명하고자 하였다.

먼저 ‘마음의 중층구조’ 이론에 비추어 이론적 지식 중심의 수학교육의 의미를 분석적으로 논의하고, 과거 교육사상사에서 수학교육이 어떤 인간 교육적 이념을 추구해 왔는지를 Platon과 Froebel의 교육론을 통해서 살펴보았다. 이러한 고찰을 통해 학교수학의 중요한 전통적인 교육적 의미의 하나는 실용적인 유용성을 초월한 심성함양, 즉 형이상학적 마음의 회복이라 것을 논하였다. 그리고 20세기 초 수학교육 개혁운동을 선도하여 현대의 수학교육 철학 및 수학 교육과정의 기본바탕을 제시한 F. Klein의 수학교육론을 고찰하였다. Klein은 신인문주의와 과학교육사상의 융합을 시도하여 수학의 ‘형식’을 통한 일반교양적 가치를 중시하였음을 알 수 있었다. 특히 Klein이 생각하였던 수학교육사상의 이면을 보다 명확히 드러내기 위하여 ‘마음의 중층구조’에 비추어 그의 수학교육론을 심성함양이라는 측면에서 재음미하였다. 이어서 Klein의 수학교육 이념에 대한 보다 발전적인 논의를 위하여 Klein 이후 수학교육 발전과정에서 드러난 몇 가지 연구결과를 종합하여 심성함양으로서 '함수적 사고' 교육에 대한 발전적 고찰을 시도하였다.

이상과 같은 고찰을 통해 저자가 도달할 수 있었던 결론은 생활 사태의 문제해결과 과학기술 개발 능력의 함양이란 실용적 가치 추구로만 여겨졌던 오늘날의 수학 교육과정의 이면에 심성함양으로서의 인간 교육적 가치가 핵심을 이루고 있다는 것이다. 물론 그러한 가치를 전달하는 것은 결코 쉬운 일은 아니다. 그럼에도 불구하고 목적은 도달점인 동시에 출발점이 되듯이, 수학 교육은 인간 교육적 가치 추구를 중시함으로써 심성함양을 그 목적으로 해야 하는 것이다.

이 책은 저자의 박사학위 논문을 수정하고 보완하여 펴낸 것이다. 논문은 물론 이 책이 나오기까지 저자를 학문의 길로 이끌어 주시고 지도해주신 서울대학교 사범대학 수학교육과 우정호 교수님께 감사드린다. 선생님께 감사한 마음은 말로 다 표현할 수 없다. 선생님께서는 저자에게 공부하면서 사는 삶이 어떤 것인가를 직접 보여주시고 가르쳐 주셨다. 무엇보다 수학교육의 문제에는 수학교육의 목적이 늘 그 중심에 있으며 그 목적이 무엇이냐에 따라 교육의 방향과 내용에 많은 영향을 미친다는 점을 강조하셨다. 막중한 연구 주제를 끌어 안고 힘들어 할 때마다 세세한 맥락에서 귀중한 아이디어를 주시고 조언과 격려로 한발씩 나아갈 수 있도록 해 주셨다. 다만 생각이 아둔하여 선생님께서 저자에게 바라셨던 학문과 사상을 그 백분의 일도 제대로 담아내지 못한 점이 아쉽고 죄송할 따름이다. 선생님께 지도받았던 경험은 학문적으로 뿐만 아니라 저자의 삶의 지표가 될 것이다.

저자는 만학의 길에 들어서 주변의 여러 선후배들과 동학 여러분께 분에 넘치는 많은 도움을 받았다. 그 분들께 늘 고맙고 미안한 마음을 가지고 있다. 또한 교육학과 여러 선생님들께도 감사드린다. 만약 이런 분들의 도움이 없었더라면 이 책은 현재의 모습이 되기 어려웠을 것이다. 다만 이 책 속에 들어있는 헤아릴 수 없는 미비한 점들은 오직 저자의 탓으로 돌려줄 것을 부탁드리며 많은 질책을 바란다. 부족함이 많지만 모쪼록 이 책이 수학교육의 문제를 생각하고자 하는 사람들에게 작은 도움이 되길 바란다. 끝으로 출판을 기꺼이 맡아주신 경문사의 박문규 사장님과 관계자 여러분께도 깊은 감사를 드린다.

2008년 3월

강현영 씀

목 차

Ⅰ. 서 론

오늘날 수학교육에 있어서 가장 중요한 문제 중 하나는 학교수학의 교육적 기반을 회복하는 것이며 이를 위해서는 '수학을 가르치는 이유는 무엇인가'라는 보다 근원적인 문제에 대한 심층적인 논의가 요구된다. 수학에 이러한 내용이 있다는 것만으로 그것을 학생들에게 가르쳐야 한다는 주장을 하기는 어렵다는 것을 인정할 수밖에 없으며, 따라서 우리는 그 이상의 이유를 찾아야 하는 것이다. '왜 가르쳐 왔으며 왜 가르쳐야 하는 가'라는 질문은 '어떤 내용을 가르쳐야 하는 가'라는 질문과 다르지 않다. 수학 교육과정에 대한 논의가 의미 있게 이루어지기 위해서는 무엇보다도 먼저 수학의 교육적 가치와 의의가 깊이 있게 논의되지 않으면 안 된다.

교육이 학습자의 마음을 대상으로 한다는 것은 누구도 부정할 수 없는 사실이다. 수학교육에는 무엇보다도 수학적 지식의 성격에 대한 규정과 그것을 배움으로써 인간의 마음을 어떠한 상태로 만드는가에 관한 가정이 담겨 있다고 보아야 한다. 세계를 배우고 주체를 인격적 성숙으로 이끄는 행위로서 수학교육을 말하기 위해 이에 대한 고찰이 선행되어야 한다는 것은 명백하다고 할 수 있다.

학교에서 가르치는 지식의 내용에는 성격상 두 가지 종류가 있다. 현상을 보는 이론적 지식과 사태에 모종의 변경을 가하거나 조치를 취하는 실제적 지식이다. 학교에서 가르치는 내용의 대부분은 이론적 지식이라 할 수 있다. 그런데 이러한 지식의 성격과 관련된 통념이 있다. 이론적 지식이 일상생활의 문제해결에 유용해야 한다는 견해인데, 이는 상식적인 고정관념이 되어 있다고 할 정도로 널리 받아들여지고 있다(이홍우, 2000b). 특히, 학교수학의 경우에도 수학적 지식의 학습을 통하여 길러진 사고력에 의한 문제해결 능력의 신장을 그 주요한 목적으로 삼고 있다. 과학기술이 지배하는 정보산업 사회로의 변화는 문제해결 능력의 개발을 더욱 더 요구하게 되었고 수학 학습이 그러한 필요에 적절히 부응하는 것으로 간주되어 수학의 중요성은 크게 부각되어 왔다.

그러나 수학교육의 목적을 문제해결 능력의 신장으로만 볼 경우, 그것과의 관련이 불분명한 대다수의 수학적 지식은 학교수학에서 제외되어야 할 것이고 그렇게 되면 학교수학의 내용은 대단히 축소될 가능성이 있다. 또한 수학교육의 목적이 외적 결과를 달성하는 일을 가장 중요한 것으로 간주함으로써 그리스 이래 수학교육이 추구해 온 훌륭한 인간이 지녀야 할 이상적인 마음으로서의 심성의 함양을 경시할 우려가 있다.

따라서 이 책은 현대에 이르러 수학적 지식을 배움으로써 개발된 수학적 사고를 통해 올바른 인간을 형성한다는 의미는 간과한 채, 생활문제의 해결이나 과학기술 개발에 필요한 능력의 개발이 중시되어야 한다는 통념에 대한 반성에서부터 출발한다.

Dewey 이후 일체의 지식은 유목적적 문제해결 활동의 수단이 되는 한에서 가치를 가진다는 교육이론이 정립되어 왔다. 그러나 교과는 생활문제의 해결에 유용해야 한다는 생활중심 교육과정에 대한 우려로, 1960년대 이후 '지식의 구조'와 '지식의 형식'이라는 용어를 사용하여 학교에서 가르치는 교과의 성격이나 의의를 다시 설명하려는 시도가 설득력을 얻었다. 이러한 용어에 들어 있는 아이디어를 간단히 요약하면 다음과 같다. 사물이나 현상은 구조나 형식에 의하여 또는 그것들을 통하여 우리에게 파악된다. 그것을 보는 우리의 입장에서 말하면, 사물의 구조나 형식은 곧 우리가 그것을 통하여 사물을 파악하는 '안목'이라고 말할 수 있다. 수학적 지식 역시 사물과 현상을 수학적 구조나 형식이라고 하는 특정한 관점에서 파악한 것이며, 따라서 우리는 그것을 배울 때 사물과 현상을 수학적 관점에서 본 독특한 구조와 형식으로 배운다. 그 구조와 형식은 우리로 하여금 사물과 현상을 보고 판단하게 하는 만큼, 그 구조와 형식에 정통하다는 것은 다른 말로 '안목을 가진 것'이라 할 수 있다.

'지식의 구조'는 Bruner(1959)의 「교육의 과정」에 나오는 개념으로 학문중심, 구조중심 교육과정이라는 사조의 바탕을 이루는 핵심적인 아이디어이다. '지식의 구조'라는 아이디어에 비추어 볼 때, 학교에서 가르치는 교과는 해당 학문의 기본 성격을 충실히 반영한 것이어야 한다. Bruner는 지식의 구조에 대한 학습의 효과를 일반적 전이로 설명하고 있는데, 지식 그 자체를 왜 배워야 하는 가에 대해서는 특별히 두드러지게 말한 바가 없다(이홍우, 2000b, p.383). Bruner가 '지식의 구조'의 가치를 형식도야 이론이나 생활적응 교육에서처럼 직접 생활에서의 유용성으로 설명하는 것은 아니지만 지식의 구조에서 생기는 '생산성'이나 '전이효과'를 생활의 유용성으로 해석할 여지가 없지 않다.

'지식의 형식'은 Peters(1966)의 「윤리학과 교육」에 등장하는 개념으로서 '지식의 구조'와는 달리 지식의 가치문제를 보다 본격적으로 다룬 것으로, 지식의 가치를 '선험적 정당화'로 설명한다. 선험적 정당화는 '교과는 자유, 평등 등의 윤리학적 원리와 마찬가지로, 그것에 대한 정당화 요구 그 자체의 논리적 가정에 의하여 정당화 된다'(이홍우 외, 2003, p.304)라고 요약할 수 있다. '논리적 가정'이라는 것은 특정 발언이나 행위가 의미를 가지려면 개인의 요구와는 관계없이 그 논리적 전제로서 반드시 받아들여야 하는 것을 의미한다. 따라서 선험적 정당화는 교과의 가치를 묻는 질문, 예를 들어 '수학이라는 교과를 왜 배워야 하는가'라는 질문을 심각하게 제기하는 사람은 그 정당화 요구 그 자체의 논리적 가정으로서 수학이라는 교과의 가치를 받아들이지 않으면 안 된다는 것으로 간단하게 요약될 수 있다.

Peters의 선험적 정당화 논의는 교과의 가치를 생활에서의 유용성으로 설명하려는 것에 대한 대안적 관점, 즉 현재 학교에서 가르치는 교과의 의미를 충분히 살려내려는 노력이라는 점에서 중요한 의의를 지닌다. 그러나 교과의 가치는 그것의 정당화 요구 그 자체에 논리적 가정으로 들어 있다고 말하는 것만으로는 교과의 가치에 대한 질문이 필요 없다는 말로 생각될 수도 있고, 그에 대한 보다 구체적인 설명을 원하는 사람에게는 내용 없는 공허한 정당화로 생각될 수도 있다(장성모, 2005, 김광민, 2005).

물론 Peters는 인간의 마음은 한 사회의 언어, 개념, 규칙 등에 담겨 있는 공적 전통에 개인이 입문함으로써 생겨나고 발달한다고 말한다. 공적 전통은 인류가 오랜 세월 동안 누적시키며 발달시켜 온 지적 유산으로 현재 학교에서 가르치는 교과를 가리킨다. 결국 Peters는 마음은 교과를 배움으로써 생기고 발달한다고 주장하는 것이다. 따라서 지식은 언어라는 공적 상징 체계에 의해 특이한 방식으로 구조화된 인간 경험의 양식이며, 그 지식을 획득함으로써 마음이 형성된다는 것은 Hirst(1965)의 글에도 분명히 나타난다.

이렇게 교과와 마음의 관련에 대한 설명을 하기 위한 시도가 있었지만 이러한 논의에서는 마음의 발달을 고려한다고 하면서 마음이 발달해 나아가는 과정을 염두에 두었다기보다는 마음이 발달한 최종적 상태를 염두에 두었다고 할 수 있다. 이러한 주장이 그릇된 것은 아니지만, 지식을 통해 어떻게 마음의 형성이 가능한지, 마음이 형성된다는 것은 어떤 의미인지를 분명히 밝히지는 않는다.

삶이라는 것은 그 자체가 실제적 활동으로 이루어져 있다고 말할 정도로 실제적 활동을 떠난 삶을 상상하기는 어렵다. 지식은 '그 자체로서' 가치를 가진다는 말이 받아들여지기도 하지만 그것 또한 삶과 떨어져서는 의미를 가지기 어렵다. 기존의 교육과정 이론의 문제점은 이러한 실제적 활동으로서의 삶을 위한 문제해결 능력의 개발에 치중되어 있다는 점이며, 마음의 개념을 경시하거나 마음의 발달을 경험적 마음의 기능적 분화로만 설명하는 데 있다. 기존의 교육과정이론이 받아들이고 있는 마음은 문제 사태에 직면하여 문제해결에 필요한 수단들을 통제하는 기능을 수행하거나 아니면 지식의 형식을 공부하면서 그 속에 붙박혀 있는 공적 마음을 받아들이는 기능을 수행하는 마음으로 규정해왔다. 교과와 관련되는 마음을 이렇게 파악하게 되면, 교과 교육의 목적이 올바른 인간을 형성한다는 설명을 하기 어려울 뿐만 아니라 교과 교육의 목적은 생활사태의 문제 해결이나 합리적 판단 능력의 개발 정도로 설명하게 된다.

이홍우의 '마음의 중층구조' 이론에 비추어 본 교과론은 기존의 교육과정 이론이 도외시한 '실재'의 형이상학적 지위를 새롭게 조명하고, 그것을 추구하는 경험적 마음과의 관계를 설명함으로써 올바른 인간을 형성한다는 교과교육의 의미를 밝히려 하고 있다. 마음의 중층구조 이론에 의하면, 마음은 경험적 마음 뿐 아니라 형이상학적 마음으로도 존재하며, 양자는 각각 마음의 아래층과 위층의 중층구조를 이루고 있다. 중층구조의 위층을 이루는 형이상학적 마음은 아래층의 경험적 마음을 만들어 내는 '논리적 원인'이다. 이와 같은 마음의 중층구조의 비유는 개인이 각자 가지고 있는 경험적 마음이 어떻게 하여 생기게 되었는가를 논리적으로 설명하기 위한 것이다. 마음의 중층구조라는 관점에서는 개인의 경험적 마음의 궁극적인 원천을 중층구조의 위층인 형이상학적 마음에 둔다. 그리고 그러한 두 마음 사이의 운동을 설명함으로써, 교육의 목적으로서의 심성함양의 의미와 그 방편으로서 교과의 특이한 지위를 설명하여 능력개발로서의 교육에 대한 대안으로서 심성함양으로서의 교육을 제시하고 있다. 그러나 심성함양을 정당화하는 실천적 행위로서의 각 교과교육에서 그 의미를 구체적으로 설명하고 있지 못하다.

이에 따라 이 책에서는 수학교육에서 수학적 지식이 심성함양과 관련하여 지니고 있는 의미를 분석 고찰하고자 하였다. 심성함양과 관련하여 수학적 지식의 성격과 의의를 파악하려는 시도는 역사적 근원이 있다. Platon은 인간이 수학을 통해 '실재'의 세계의 조화로운 질서의 모습을 보고 자신의 무지함을 깨닫고 진리와 지혜를 갈망하고 추구하게 된다고 하였다. Platon에 따르면 인간이 인간다운 삶을 살지 못하는 가장 큰 이유는 육체의 욕망과 감각의 제한으로 이데아를 보지 못하는 무지 때문이다. Platon이 현실의 세계를 전부로 아는 인간들로 하여금 눈을 돌려 보다 참된 이데아의 세계가 존재함을 알도록 이끄는 학문은 산술(수론)과 기하이다. Platon에 따르면 수학은 수나 도형과 같은 가시적 대상을 가지고 우리의 경험을 통해 알게 되는 지식이지만, 그러한 감각경험을 초월하여 추론을 통해 실세계의 조화로운 질서에 대한 아름다움을 드러내어 인간을 가시계에서 가지계로 이끄는 역할을 하는 것이다(임재훈, 1998).

또한 19세기 근대 교육사상가들은 자신들의 교육이념을 바탕으로 하여 수학교육의 정신 도야적 의미를 보다 분명히 제시하고 있다. 특히 Froebel(1900)은 수학은 자연과 인간에게 존재하는 신의 정신을 자각하게 하며 안과 밖의 세계를 연결시켜주는 매개자의 역할을 한다고 말한다. 즉 수학은 순수한 인간정신을 표현하는 동시에 인간의 정신과 무관한 자연의 질서를 보여줌으로써 인간과 자연 속의 신의 정신을 자각하게 하는 가장 적절한 수단으로 보고 Froebel은 수학의 인간교육적 가치를 지극히 높게 평가하였다(한대희, 2000). 이러한 철학자들은 실재(또는 형이상학적 마음)를 지향하는 수학을 통해 세상을 보는 눈과 삶을 살아가는 방식에 변화가 일어나게 되는 마음의 도야재로서 수학교육의 의미를 부여하였다.

Platon과 Froebel은 수학적 지식에는 형이상학적 마음과 경험적 마음이라는 두 차원의 지향성이 있다는 것을 인정하면서도, 수학적 지식의 가치를 경험적 마음에 의지하여 정당화하지 않는다. Platon과 Froebel은 형이상학적 마음을 지향하게 하는 교육적 수단으로서의 수학교육의 의미를 강조하였다.

13세기경 대학이 발흥한 이후 15세기 중세에도 수학은 7자유학과 중 하나로 중요시되었고 유클리드 원론 중심으로 수학교육이 이루어졌다. 16세기 인문주의 시대에도 대학에서는 유클리드 원론을 가르쳤으나, 17세기 이후 수학은 대단히 빠른 속도로 발전하였고 20세기에 들어와 수학은 고도로 추상화되고 형식화·공리화 되기에 이르렀다. 또한 과학 기술이 발전하고 사회가 변화하면서 수학의 응용분야 역시 널리 확대되어 수학은 물리학이나 천문학 뿐 아니라 공학, 화학, 생물학, 경제학 등 여러 분야로 광범위하게 이용되어 왔다. 이러한 수학의 발달과 이용은 학교수학도 그에 발맞추어 변화할 것을 요구하였고, 특히 컴퓨터 과학의 발전으로 말미암은 정보화 사회의 도래로 수학교육 역시 이러한 시대적 요구에 부응할 것을 강력히 요구받아 왔다. 따라서 수학의 실용적 측면의 중요성이 더욱 증대되면서 학교수학 역시 문제해결 도구로서의 실제적 지식의 교육에 대한 요구가 일층 강화되어 왔다.

그러나 학교수학의 내용은 그리스 이래 오늘날까지 여전히 생활의 문제를 유능하게 해결하는 데 도움이 되는 실제적 지식이라기보다는 이론적 지식 중심으로 이루어져 있음에 주목하지 않을 수 없다. 따라서 이러한 학교수학의 실제를 직시하여 이론적 지식으로서 수학의 교육적 가치를 현대적으로 재음미할 필요가 절실히 요구되고 있는 것이다.

이에 따라, 이 책에서는 20세기 초 수학교육 개혁운동을 선도하여 현대의 수학교육 철학 및 수학교육 과정의 기본바탕을 제시한 F. Klein의 수학교육론을 고찰하여 일반교양 교육으로서 수학교육의 의미를 고찰하고자 한다. Klein은 신인문주의와 과학교육사상을 융합하면서 수학의 정신도야적 가치를 중시하였다. Klein은 당시의 시대적 요구에 부응하여 수학교육 개혁운동을 전개하였고, 수학의 이론적인 측면과 실제적인 측면을 통합하여 현대 과학문명 및 문화를 이해하도록 교육하고자 하였다. 특히 '함수적 사고'를 중심으로 새로운 교육과정을 만들어 현재와 같은 수학 교육과정의 기초를 마련하였다.

무엇보다도 Klein은 수학의 '형식'을 통한 정신도야와 그것을 바탕으로 하는 '응용' 사이에 균형을 유지하려 하였으며, 수학교육의 교양 교육적 의미를 수학을 '가르치는 사태'와 관련지어 구체적으로 설명하려 하였다. 그러나 Klein은 수학의 '형식'을 통한 정신도야를 강조함으로써 수학적 지식을 통한 심성함양의 가능성을 보여주는 듯하지만, 이에 대해 구체적인 논의를 하고 있지 않다. Klein이 주장하였던 수학의 '형식'과 '응용'의 관계를 올바로 파악하여 그 의미를 고려하지 않는다면 일반교양으로서 수학교육의 의미가 온전히 드러나기 어렵다. 형식도야이론이 비판받았듯이 정신의 부소 기능으로서 형식만을 강조하였다거나 단순히 시대적 요구에 따라 응용을 강조하는 수학교육으로 오해될 소지가 있다고 할 수 있다. Klein은 위대한 수학자이지만, 철학자나 교육 사상가가 아니며, 따라서 Klein은 자신이 생각하였던 수학교육 사상 이면의 인간교육적 의미가 무엇인지 명확히 드러내지 못하였다. 따라서 이 책에서는 인문주의 전통의 선상에서 인문교육과 과학기술 교육의 종합을 시도한 Klein의 수학교육사상을 올바로 이해하기 위하여 마음의 중층구조 이론에 바탕을 둔 심성함양으로서의 교과론에 비추어 Klein의 수학교육론을 재음미할 것이다.

Klein은 정신도야의 핵심은 개념적 사고 방법에서 찾아야 한다고 하면서 함수 개념을 중심으로 메란 교육과정을 조직하여 수학 교육과정을 개혁하였다. Klein에 따르면, 함수적 사고는 우리 삶에서 매우 필수적인 사고이며 학교수학을 종합적으로 조직하는 원리이다.

오늘날 함수는 수학에서 가장 중심적인 개념 중 하나이며, 대표적인 수학적 사고라 할 수 있다. 현재 학교수학에서 함수 개념은 수많은 수학적 개념과 관련되어 존재하고 Klein 이후 수학 교육과정은 함수를 중심으로 하여 이루어져 있다고 해도 과언이 아닐 것이다. A summary of the report by the National committee on Mathematical Requirement(1921, p.53)에서는 관계적 사고의 중요성에 대해 다음과 같이 기술하고 있다.

> 학생들은 관계에 대한 추상적인 아이디어에서 의미를 발견하기 전에 많은 경우에서 관계의 작용을 보아야만 하며, 더 나아가 관련된 양 사이에 존재하는 연관성에 관한 사고 습관을 형성하도록 해야만 한다. 그러한 습관은 다음에 나오는 이론의 인식을 위한 가장 좋은 기초를 형성하기 때문만이 아니라 수학에서 공부를 더 하든지 하지 않든지 간에 실제 삶에서 다루게 되는 양에 대한 보다 분명한 사고를 가능하게 하기 때문이다. 또한 양 사이의 관계에 대한 아이디어는 우리가 실제로 다루도록 요구되는 모든 양과 실제적으로 관련하여 실제 삶에서 생기기 때문이다. 따라서 학생들은 (관계가) '어떻게 작용하는지 보도록' 해야 한다.

NCTM에서도 '함수 개념은 수학의 중요한 통합적 아이디어'로 '함수 학습은 주변 세계에 존재하는 것으로부터 시작되고 학생은 여러 활동을 통해 함수가 얼마나 일상생활에서 널리 찾아 볼 수 있는가를 인식해야 한다'고 밝히고 있다 (NCTM, 1989, pp.220-221).

많은 자연 현상이나 사회 현상은 연속적인 것이든 이산적인 것이든 독립 변수에 대한 종속변수의 관계로 설명할 수 있으며, 이러한 관계를 파악하는 것이 함수적 사고의 본질이다. 수학은 함수관계를 탐구하는 학문이라 할 만큼 함수는 수학에서 가장 중요한 개념 중 하나이다. 우리가 살고 있는 현실 세계나 자연의 세계, 수학의 세계 또는 어떤 다른 학문의 세계에서 일어나는 현상들은 각각 관련 없이 고립되어 존재하는 것이 아니라 규칙성이나 관계를 내포하고 있다. 함수적 사고는 이러한 제 현상을 설명하고 조직하는 개념적 도구로서 현상을 관찰하여 그 속에 내재된 수학적 법칙이나 형식을 발견하고 이를 구조화시킨다. 뿐 만 아니라 그러한 여러 가지 현상에 내재해 있는 규칙성과 법칙의 발견을 통해 우주의 질서와 조화의 아름다움을 느끼게 하는 것이다.

따라서 오늘날 학교수학의 중요한 목표 중 하나는 함수적 사고의 육성이라고 할 수 있으며, 현재 학교수학에 있어서 함수 개념은 가장 중심적이고 가장 강력한 통합개념으로 되어 있다. 오늘날 학교수학에는 Klein의 주장이 실현될 가능성이 보일 정도로 함수와 관련된 많은 내용이 다루어지고 있다.

그렇다면 함수적 사고는 수학교육의 주요 목적으로서의 심성함양과 어떤 관련성을 갖는가? Klein은 메란 교육과정을 통해 함수적 사고교육을 실현하고자 하였지만 심성함양과 관련된 교육적 논의는 명확히 하고 있지 않다. 이 책에서는 Klein의 수학교육 이념에 대한 보다 발전적인 논의를 위하여 Klein 이후 수학교육 발전 과정에서 드러난 몇 가지 연구결과를 종합하여 심성함양으로서의 함수적 사고교육에 대한 발전적 고찰을 시도하고자 한다.

지금까지의 논의를 요약하여 주요한 연구 과제를 제시하면 다음과 같다.

첫째, '마음의 중층구조'란 무엇인지 살펴본다. 이 관점에서 지식을 통해 마음이 형성된다는 것은 어떤 의미인지, 어떻게 마음의 형성이 가능한지 고찰하고 그에 따른 교과교육의 의미를 고찰한다.

둘째, 심성함양이라는 관점에서 전통적인 수학교육이 추구해 온 이념을 Platon과 Freobel의 수학교육론을 중심으로 고찰한다.

셋째, 현대적인 수학 교육과정의 기반을 구축한 F. Klein의 수학교육 이념은 무엇이며 가르치는 사태와 관련하여 그것을 어떻게 구현하고자 하였는지 고찰한다.

넷째, F. Klein의 수학교육론을 마음의 중층구조 이론에 근거한 교과이론에 비추어 분석하고, 심성함양으로서의 함수적 사고 교육의 의미를 고찰한다.

이 책의 구성은 다음과 같다. 서론에 이어 제 Ⅱ 장에서는 교과의 실용적 가치에 대한 오늘날의 통념에 대한 적극적인 대안으로서, '마음의 중층구조' 이론에 비추어 본 교과이론을 통해 심성함양으로서의 교과의 의미를 살펴보고자 한다. 먼저, '마음의 중층구조'란 무엇이며, 이 관점에 비추어 본 지식교육의 목적을 살펴본다. 그리고 '마음의 중층구조'라는 관점에서 교과를 통해 어떻게 심성함양이 가능한지 그리고 심성함양으로서 교과의 의미가 무엇인지 고찰한다.

제Ⅲ장에서는 제II장에 논의한 심성함양으로서의 교과교육의 의미에 비추어, 수학적 지식의 가치를 형이상학적 차원의 지향성으로 논의하였던 Platon과 Froebel의 수학교육관을 고찰한다. 그리고 오늘날 수학의 실제적 유용성을 강조하는 교육적 논의에서 간과되고 있는 수학교육의 의미를 재음미한다.

제Ⅳ장에서는 20세기 초 수학교육 개혁 운동을 선도하여 현재의 수학교육 과정의 틀을 제시한 F. Klein의 수학교육론에 대해 고찰한다. 먼저 Klein의 개혁운동이 어떻게 전개되었으며 그 의의는 무엇인지 살펴본다. 그리고 Klein의 수학교육의 이념은 무엇인지 어떠한 원리로 학교수학에서 이를 실현하고자 하였는지 고찰한다.

제Ⅴ장에서는 F. Klein의 수학교육론을 '마음의 중층구조'에 비추어 본 교과이론을 바탕으로 분석하고, Klein의 메란 교육과정의 조직 원리이자 현재 수학 교육과정의 중심 주제인 '함수적 사고'의 심성함양으로서의 의미를 고찰한다.

마지막으로 제 Ⅵ 장에서는 지금까지 논의를 정리, 종합하는 것으로 결론을 대신한다.

Ⅱ. 마음의 중층구조에 비추어 본 교과의 의미

교과는 학습자의 '마음을 형성한다'는 교과교육의 가장 기본적인 가정이 교과는 생활(문제해결)에 유용해야 한다는 상식적인 주장에 의해 퇴색해 가고 있다. 현대 들어오면서 수학교육의 목적은 다양한 관점을 내포하여 종합적으로 표현되고 있지만, 개인이나 사회에 유용한 수학교육－실용적인 목적의 수학교육－을 지향하고 있음을 부인하기 어렵다. 그러나 시대의 변화에 관계없이, 수학적 지식을 배움으로써 마음이 형성된다는 수학교육의 기본적인 가정은 여전히 중요하게 고려되지 않으면 안 된다.

이 장에서는 심성함양으로서의 지식의 의미를 분석 고찰한 이홍우(2000b, 2004a, 2004b, 이홍우 외 2003)의 '마음의 중층구조'에 비추어 본 교과이론을 바탕으로 하여 교과를 통한 마음의 형성 가능성에 대해 살펴보고자 한다. '마음의 중층구조'란 무엇이며 교과를 통해 어떻게 마음이 형성 가능한지 그리고 교과의 의미는 무엇인지 살펴본다.

1. 마음의 중층구조

'마음의 중층구조'에 비추어 본 교과이론은 교과의 가치에 대한 오늘날의 통념, 즉 교과의 가치는 생활에 필요한 능력을 길러주는 데에 있다는 통념에 대한 적극적인 대안을 확립하려는 문제의식에 기초한다. 마음의 중층구조 관점에 따른 교과에 관한 논의는 실재의 형이상학적 지위를 새롭게 조명하였을 뿐만 아니라 실재로서의 '형이상학적 마음'과 그것을 추구하는 방법적 원리 안에서 운동하는 '경험적 마음'의 관계를 새롭게 설명한다.

마음의 중층구조는 세계와 마음이 모두 아래층과 위층이라는 중층으로 이루어져 있다고 보는 사고의 틀이다(이홍우, 2000b, 2004a, 김광민, 2005, 박채형, 2002, 신춘호, 2005, 장발보, 2003, 차미란, 2003 등). 중층구조는 마음과 대상,

그리고 대상 상호간의 구분을 특징으로 하는 현상의 세계와 일체의 구분이 배제된 형이상학의 세계가 '동일하지도 않고 상이하지도 않은' 관계로 연결되어 있다고 보는 사고의 모형을 가리킨다. 형이상학의 세계는 현상의 세계의 '논리적 원인'이 되며, 현상의 세계는 형이상학의 세계에 일치하는 것을 이상으로 삼는다(이홍우, 2004a, pp.30-31). 우리의 삶이 전개되는 아래층과 아래층이 따라야 할 표준으로서 위층은 개념상 구분되지만 사실상 분리되지 않으며, 아래층에서 전개되는 삶은 위층의 표준을 따를 때 비로소 본래의 모습을 띠게 된다.

마음의 중층구조에서 마음(또는 세계)의 두 측면은 '표현되기 이전의 마음(형이상학적 마음)'과 '표현된 이후의 마음(경험적인 마음)'이다. '표현되기 이전의 마음'은 중층의 위층에 해당하는 것으로 이것과 저것의 구분이 없는 상태의 마음을, '표현된 이후의 마음'은 아래층에 해당하는 것으로 이것과 저것의 구분이 가능한 마음을 일컫는다. '표현되기 이전의 마음(형이상학적 마음)'은 '표현된 이후의 마음(경험적인 마음)'과 떨어져 별개로 존재하지 않는다. 마음은 오직 하나이며, 그것을 구분하는 것은 그 하나 뿐인 마음이 더 훌륭한 마음이 된다거나 보다 크고 아름다운 마음이 된다는 사실을 이론적으로 설명하기 위한 개념적 구분일 뿐이다.

마음의 중층구조의 관점에서, 기존의 교육과정 이론의 문제점은 이러한 마음의 개념을 도외시하거나 마음의 발달을 경험적 마음의 기능적 분화로만 설명하는 데 있다. 기존의 교육과정이론이 받아들이고 있는 마음은 문제 사태에 직면하여 문제해결에 필요한 수단들을 통제하는 기능을 수행하거나 아니면 지식의 형식을 공부하면서 그 속에 붙박혀 있는 공적 마음을 받아들이는 기능을 수행하는 마음, 즉 경험적 마음에 해당한다. 그러나 마음의 중층구조의 관점에 의하면, 마음은 경험적 마음 뿐 아니라 형이상학적 마음으로도 존재하며 양자는 각각 마음의 아래층과 위층의 중층구조를 이루고 있다.

마음의 중층구조의 위층을 이루는 형이상학적 마음은 아래층 위에 그냥 얹혀 있기만 하는 것이 아니라 아래층에 앞서며 아래층을 만들어내는 경험적 마음을 만들어 내는 '논리적 원인'이다. 경험적 마음은 각 개인이 형이상학적 마음을 나누어 가진 '결과'라는 뜻에서, 형이상학적 마음은 경험적 마음의 '원인'이라고 말할 수 있다. 형이상학적 마음이 경험적 마음의 원인이라는 말의 의미는 아래층의 경험적 마음은 위층의 형이상학적 마음이 각 개인에게 현상적으로 표현된 것이라는 뜻을 나타낸다(이홍우 외, 2003, p.37).

'마음의 중층구조 관점'에 의하면 경험적 마음이 형이상학적 마음을 회복하는 경로, 즉 심성함양의 경로는 곧 지식으로서 교과이다. 이 경우 교과, 즉 지식이 심성함양의 통로가 되는 것은 지식이 지니고 있는 특이한 성격과 관련이 있다. 지식은 아래층의 경험적 마음, 즉 개인이 가지고 있는 마음이 바깥 사물을 다룬 결과로 갖게 되는 마음의 표현을 가리킨다. 그와 동시에 그 지식은 또한 위층의 '형이상학적 마음'의 표현이다. 형이상학적 마음은 개인의 마음이 (바깥의 사물을 계기로 하여) 바깥 사물을 다룬 결과로서 지식을 획득할 때 바로 그 지식을 통하여 자기 자신을 표현한다. 형이상학적 마음은 그것의 표현을 통해서만 회복될 수 있다는 점에서, 지식은 형이상학적 마음을 회복하는 유일한 통로가 된다고 말할 수 있다.

> '지식은 마음의 표현'이라는 말을 이 두 가지 의미로 해석할 수 있다면, 지식을 가지게 될 때, 우리는 두 가지 상반된 방향의 일을 동시에 한다고 보아야 할 것이다. 하나는 우리의 마음이 바깥의 물건을 향하여 그것을 파악하고 때로 그것을 우리의 목적에 이용하는 것이다. 이때 우리의 마음은 위층의 마음이 가졌던 본래의 모습을 잃어버리고 '마음의 기능'으로서 뚜렷한 형태를 띠게 된다. 그러나 바로 이 일을 하는 순간에 우리의 마음은 그 반대 방향인 그 이면 또는 위층을 향하여, 그 모든 것을 만들어낸 원인으로서의 위층의 마음을 다시 찾게 된다. 이것이 지식을 가지게 될 때 마음이 하는 또 하나의 일이다. 다시 말하여 지식을 통하여 우리의 마음은 위층의 마음을 잃어버리는 일과 회복하는 일을 동시에 한다. 그리고 우리가 지식을 가지지 않으면 안되는 것은, 위층의 마음은 우리가 그것을 잃어버리지 않고는 회복할 수 없는 그런 마음이기 때문이다. 위층의 마음으로 돌아가는 길은 그것의 표현인 아래층의 마음을 통할 수 밖에 없는 것이다. … 우리가 특별히 교과로 지정하여 학생들에게 가르칠 필요가 있다고 생각하는 지식은 그것을 잘 배우면 그것의 이면에 들어 있는 위층의 마음을 회복할 가능성이 있는 그런 지식이다. 이것을 반대 편에서 고쳐 말하자면, 우리

> 는 학생들이 그것을 잘 배우면 그들의 마음이 그 본래의 모습을 회복하게 되는 그런 지식을 교과로 삼는다고 말할 수 있다. 우리가 '교과'라는 말로 이해하고 있는 대부분의 내용－즉, 문학과 수학, 과학과 역사 등의 '주지교과'－은 바로 이 기준에 부합한다(이홍우 외, 2003, p.42).

마음의 중층구조의 관점에서는 형이상학적 마음인 위층을 가정함으로써 그동안 충분히 설명되지 못한 지식획득의 의미를 설명하고, 더 나아가 교육의 근본문제에 해당하는 인식과 심성함양의 관계를 밝힌다. 학습자의 지적인 측면만 강조하여 도덕적인 측면은 간과한다는 소위 인간교육이 이루어지지 않는 것이 교육의 문제라는 통념이 있다. 이러한 통념은 학습과 도덕은 서로 다른 영역에 속한다는 생각을 전제로 하고 있다. 그러나 마음의 중층구조 관점에서 보면, 학습이나 도덕은 서로 다른 영역에 속하는 것이 아니라 하나의 마음의 두 가지 표현에 불과하다.

마음의 중층구조 관점에 따르면, 교육의 과정은 아래층이 위층에 합치되는 과정이며, 교육의 목적은 현재 이루어지고 있는 교육과 분리된 채 교육의 방향을 지시하는 것이 아니라 교육의 논리적 가정으로서 바로 그 교육에 구현되어 있다. 위층(실재)은 현상의 기준이지만, 기준이 존재한다면 현상 속에 존재할 수밖에 없다. 실재가 가지는 '기준'이라는 속성이 기준의 초월성을 강조한다면, 위층이 '현상 속'에 존재한다는 것은 기준의 내재성을 부각시키는 것이다(김광민, 2005, p.119). 마음의 중층구조 관점은 무시간적인 차원에서 마음과 세계가 경험적인 것(아래층)과 형이상학적인 것(위층)의 두 가지로 구분된다는 것을 보여주고, 시간적 차원에서는 경험적인 마음이 그것이 따라야 할 기준으로서 형이상학적인 마음에 이르는 마음을 역동적인 모습으로 보여준다.

우리의 삶이나 교육은 시간의 흐름에 지배를 받는 인간의 활동이며, 따라서 마음이 중층구조를 이루고 있다는 설명에는 시간의 흐름에 따라 변화하는 학습자의 마음의 상태, 즉 마음의 중층 간의 운동에 대한 설명이 필요하다. 다시 말해 교과를 가르치는 일과 위층에 이르는 일이 별개의 것이 아닌 한, 교과를 올바로 배우는 일이 곧 위층(실재)에 이르는 일이라는 설명을 해야 한다(김광민,

2005, p.119). 다시 말해, 형이상학적 마음이 단순히 지식 획득의 논리적 가정으로 존재하는 것이 아니라 보다 역동적인 과정으로서 자체의 힘을 가지면서 지식 획득 사태에 작용한다는 것이 설명되어야 한다.

지식 획득은 교과를 이루는 개념을 이해하는 사태라 할 수 있다. 마음의 중층구조 관점에서 보면, 경험적 마음이 형이상학적 마음을 지향하는 마음의 역동성에 대한 파악은 교과에 대한 이해의 개념을 파악하는 것과 다르지 않다. 따라서 지식의 내면화 과정은 곧 위층의 마음을 토대로 하여 경험적 마음을 구축하는 과정이라고 말할 수 있다. 이에 다음 절에서는 지식획득의 과정이 어떻게 형이상학적 마음으로 연결되는지 살펴보도록 한다.

2. 교과의 내면화 과정

교육의 과정은 학생에게 교과를 가르침으로써 교과를 이해하도록 하는 활동을 중요한 부분으로 포함한다. 이해와 관련하여, 교과교육이 지향하는 이상적인 경지인 학습의 내용이 완전히 학습자의 것으로 된 상태를 가리키는 용어 중에서 주목받는 것으로 '교과의 내면화'가 있다. '교과의 내면화'는 공간적인 비유를 통해 학습의 내용이 완전히 학습자의 것으로 된 상태를 의미하는 것이다. 내면화되어야 할 교육내용, 즉 지식이 바깥에 있어서 학습자가 교육 또는 학습을 통해 그것을 학습자의 안, 즉 마음으로 들여오는 것으로 이해되고 있다. 그러나 마음은 그릇과 같은 물리적 공간이 아니요, 교과 또한 마음속으로 들어 올 수 있는 물건과 같은 것이 아니다. 교과의 내면화는 단순히 원래 학습자의 바깥에 있던 교과가 학습자의 몸 안으로 들어간다는 것을 의미하는 것은 아닐 것이다. 교과의 내면화가 단순히 학습자의 바깥에 있던 교과가 학습자의 몸 안으로 들어간다는 것을 의미한다면, 기계적 학습도 교과의 내면화와 다를 것이 없을 것이다. 교과가 단순하게 마음 안에 들어오는 것이 아니라면 교과를 내면화한다는 것은 어떤 의미인가?

'내면화'라는 말은 학습자의 밖에 있는 교과의 내용이 학습자의 안으로 들어오면 학습자가 그 지식을 가지게 된 것이라는 교과학습에 관한 일반적인 생각을 반영하고 있다. 성공적인 학습을 예시하는 소화의 비유는 교과를 내면화한 상태가 어떤 것인가를 단적으로 보여준다. 소화 과정을 통해 음식물은 내부로 들어오기만 하는 것이 아니라 다양한 기관의 작용으로 화학적 변화과정을 겪게 되고 음식물은 원래의 형태를 잃어버리고 우리 몸 세포 속으로 녹아들어 우리 몸의 일부분이 되어 버린다. 이상적인 학습의 과정도 교과가 또는 교과를 이루는 개념이 단순히 학습자의 마음으로 들어가는 것 이상으로 완전히 학습자의 마음으로 되는 상태를 가리킨다고 할 수 있다. 즉 교과가 원래의 형태를 그대로 유지하면서 학습자의 마음속에 자리 잡는 것이 교과를 내면화한 상태가 아니라, 교과의 내면화는 교과가 학습자의 마음속으로 들어가는 과정에서 그 형태를 잃어버리고 마음 그 자체가 되는 상태를 가리킨다.

'마음의 중층구조'의 관점에 따르면, 교과를 이해한다는 것은 곧 교과를 이루는 개념이 마음으로 되는 과정이다. 이해의 목적은 교과라는 형태로 표현된 지식을 통해 마음을 수양하는 것이다. 다시 말해 개념을 배움으로써 인식이 일어난 이후의 마음의 상태를 '이해'라 하며, 이해는 인식의 결과 주체와 객체의 구분이 없는 마음을 획득한 것을 의미하는 것으로 교과 학습의 의의는 바로 이와 같은 이해를 목적으로 한다고 할 수 있다.

이 절에서는 '마음의 중층구조'의 관점에서 인식하는 마음이 어떻게 이루어지는 지, 즉 교과를 통해 마음으로 가는 과정을 「대승기신론」[1]과 성리학 그리고 Kant의 선험철학을 통해 살펴보도록 한다.

(1) 「대승기신론」에서 이해의 의미

「기신론」은 인간의 마음을 집중적으로 탐구한 불교 서적으로 그 마음이 처한 상태와 그 마음이 나아가야 할 방향을 설명하는 데 논술의 목적이 있다. 「기신론」에 따르면 인간의 마음은 이중적 성격을 가지며, 이 마음은 현재 우리가 의미와 가치의 기준으로 삼고 있는 마음을 가리킴과 동시에 현재 우리가 가지고 있는 마음을 가리킨다. 「기신론」의 마음에 관한 논의는 '마음의 중층구조' 관점

1) 이하 「기신론」으로 약칭한다.

을 선명한 형태로 제시하고 있으며(이홍우, 1991, 구리나 2004), 교과의 내면화로서 '이해'는 '이념귀어진여(離念歸於眞如)'(상념을 떠나 진여로 돌아가는 것)의 의미에 비추어 파악될 수 있다.

「기신론」에 의하면, 우리의 마음(또는 세계)은 대상과 대면하고 있는 마음, 즉 대상과 구분되는 마음인 '생멸심(生滅心)'과 대상과의 구분에서 벗어나 있는 마음인 '진여(眞如)'로 이루어져 있다(마명, 1991, p.71). 이 두 마음은 총체로서의 마음의 두 측면으로서, 개념상으로만 구분될 뿐 별개의 것으로 존재하지 않는다.

현상의 측면에서 파악되는 마음은 '상념'이라 부른다. 마음을 현상의 측면에서 파악하는 것은 그것의 양상과 기능을 파악하는 것을 의미한다. '상념'은 일반적으로 우리가 마음이라고 부르는 것, 즉 경험적 마음을 가리킨다. 「기신론」에 따르면, 모든 중생은 상념을 가지며, 상념에 의해 구분이 가능하며, 모든 사물과 현상은 상념에 의해 생겨난다[以一切法 皆從心起 妄念而生, 28]. 모든 중생은 모든 사물이나 현상을 마주하는 한 상념에 얽매어 벗어날 수 없다.

'진여'는 현상의 측면에서 파악되는 우리 각자의 마음인 상념과 별도로 존재하는 것이 아닌[不相離] '실재의 측면에서 파악되는 마음'이다. 마음을 실재의 측면에서 파악한다는 것은 곧 마음의 본체를 파악한다는 것을 의미하는데, 마음의 본체는 비록 현상에서 파악될 수 없지만 현상에 나타나는 마음의 근본으로서 오직 사유에 의해서만 파악 가능한 마음의 본래 모습이다. 실재의 측면에서 파악되는 마음인 '진여'는 현상의 측면에서 파악되는 마음인 '상념'의 존재를 의미있게 설명하려면 가정할 수밖에 없는 '상념'의 논리적 가정으로, '상념'이 있다는 사실에서부터 거꾸로 추론해 낸 논리적, 형이상학적 마음이다.

「기신론」에서는 '진여'에 관하여 '참으로 그러하다'는 말조차 무엇인가의 양상을 기술하는 것으로 사실은 기술될 수 있는 양상도 없다. 그리하여 '참으로 그러한 것'이라는 말은 말할 수 없는 것을 말하는 것이며 말로써 말을 없애는 것과 같다는 것이다[言眞如者 亦無有相 謂言說之極 因言遣言, 11]. '말로써 말을 없앤다'는 의미의 '因言遣言'은 언어가 언어의 형태를 잃어버렸음에도 불구하고 그 언어가 담고 있는 사고가 고스란히 남아있는 상태를 가리킨다. '진여'는 현상계에 존재하는 모든 것을 상념으로 파악되는 형태가 아닌 형태로, 그러나 그 모든 것을 하나도 빠짐없이 다 담고 있다는 점에서 '因言遣言'으로 규정될 수 있다. 즉, 「기신론」에 의하면, '진여'로 돌아가는 일은 '언어가 완전히 자신의 사고로 바뀌어 더 이상 언어에 의존하지 않는 마음 본래의 상태'에 이르는 것을 의미한다고 할 수 있다.

언어에 의존하지 않는 사고에 이른 상태에서는 더 이상 언어와 같은 매개물이 필요하지 않더라도, 우리는 그 사고에 이르기 위해서는 반드시 언어와 같은 매개물에 의존할 수 밖에 없다. 그러나 언어는 그것이 파악하는 대상의 실체를 완전히 그려낼 수 없으며 대상의 특정한 부분을 표현하는 것에 불과하다. 언어는 상념에 의해 파악되는 인식대상의 본체를 총체적으로 그려내는 것이 아니라 특정 부분만 그려내는 '헛된 이름'[假名, 24]에 지나지 않는 것이다. 그럼에도 불구하고 경험적 인식의 대상이 되지 않는 총체로서의 '진여'는 '상념'을 거치지 않고 알 수 없는 것이다.

「기신론」의 용어로 이해의 개념은 '離念歸於眞如', 즉 상념을 떠나 진여로 되돌아가는 것이라 할 수 있다. '마음의 중층구조' 관점에서 '이념귀어진여'는 아래층의 마음이 위층의 마음을 지향하여 결국 두 마음이 하나가 되는 일을 의미한다. 그것은 두 마음이 함께 있는 마음임을 깨닫는 것이다. 이해는 자신의 마음이 바로 진여라는 것을 깨닫는 것이며, 이것은 자신이 인식할 수 있는 모든 것은 이미 자신의 마음에 갖추어져 있다는 것, 다시 말해 언어로 표현되기 이전의 사고는 다른 것이 아니라 처음부터 자신의 마음이었다는 점을 깨닫는 것이다.

「기신론」에 따르면, 우리의 마음은 '진여'와 '상념'이 결합된 상태로서 진여로 향할 가능성과 상념으로 향할 가능성이 동시에 있다. 유한한 인간은 현상계에 속해 있고 따라서 상념에 의지하지 않고는 진여로 돌아갈 수 없다. 이는 상념이 결코 '헛된 것'이 아님을 의미한다.

「기신론」에서는 '훈습(薰習)'이라는 개념을 통해 마음이 어떤 것의 영향을 받아 어느 한 방향으로 운동하는 것을 설명하고 있다. 중층의 위층에서 아래층으로 내려오는 운동, 즉 진여에서 상념으로의 운동으로 인식의 출발을 설명하는 '염법훈습(染法薰習)'과 중층의 아래층에서 위층으로 올라가는 운동, 즉 상념에서 진여로의 운동으로 인식의 결과를 설명하는 '정법훈습(正法薰習)'을 설명한다.

「기신론」에 의하면, 모든 현상에는 내적 원인(因)과 외적 계기(緣)[2)]가 존재하며, '염법훈습'은 '무명(無明)'과 '망경계(妄境界)'를[3)], '정법훈습'은 '진여자체상(眞如自體相)'과 '진여용(眞如用)'을[4)] 각각 내적 원인과 외적 계기로 하여 일어나는 마음의 운동이다. '염법훈습'은 진여가 무명과 망경계의 지속적인 영향을 받아 상념으로 변하는 과정으로, 진여가 상념으로 변한다는 것은 진여가 왜곡된다는 것으로 해석될 수 있다. '정법훈습'은 상념의 세계에서 구현된 진여의 영향

---

2) 「기신론」의 관점에서, 어떤 현상을 이해한다는 것은 그 현상의 '논리적 원인'과 '사실적 계기'가 무엇이며, 두 개가 어떻게 결합되어 있는지를 아는 것이다.

> 모든 현상에는 '내적 원인'[因]과 '외적 계기'[緣]가 있다. 이 양자가 모두 갖추어질 때 결과가 이루어진다는 것이다. 예컨대 나무의 불붙는 성질은 불의 '原因'이다. 만약 사람이 불붙이는 수단을 강구할 줄 모른다면 나무가 혼자서 불붙는다는 것은 있을 수 없다. [又諸佛法 有因有緣 因緣具足 了得成辦 如大中火性 是火正因 若無人知 不假方便 能自燒木, 39]

불붙는 성질은 나무 '안'에 존재하는 것으로 우리의 감각기관에 의해 파악되는 것이 아니라 나무가 불탄다는 사실에서 추론될 수 있다. 다시 말해 나무의 불붙는 성질은 나무가 불탄다는 사실에서 논리적으로 추론되는 것이며, 그것은 나무가 불타기 위한 원인으로 작용한다는 것을 알 수 있다. 따라서 '원인[因]'은 '논리적 원인'이라고 부를 수 있다. 그러나 '불붙이는 수단'은 나무 '밖'에 존재하고 나무와 사실상 분리되어 있다. 그리고 불붙이는 수단이 나무 '밖'에 존재하는 이상 인식 대상이 되며 '불붙이는 수단'이 나무가 불타는 현상의 원인이 되기 위해서는 나무를 대상으로 어떤 작용을 해야 한다. 비록 '불붙이는 수단'이 나무가 불타는 현상의 원인이 되기 위해서는 그것이 나무를 대상으로 어떤 작용을 해야 한다. 아무리 '불붙이는 수단'이 있어도 그것이 나무에 작용하지 않는다면 원인이 될 수 없다. 따라서 '불붙이는 수단을 강구 한다'는 것은 나무가 불타기 위한 '사실적 계기'라고 할 수 있다(강현영, 2003, pp.52-53). 「기신론」에서는 이와 관련하여 '엽법훈습'과 '정법훈습'을 설명하고 있다. 성리학에서의 '격물치지론'도 이와 같은 설명이다.

3) '염법훈습'의 원인과 계기는 각각 '무명'(근본적인 무지)와 '망경계'(상념의 대상)이다. 상념은 무명과 망경계의 결합이라 할 수 있고, 무명은 상념의 '안'에 망경계는 상념의 '밖'에 존재한다고 해석된다(강현영, 2003, p.54).

4) 「기신론」에서는 진여를 體(본체), 相(양상), 用(기능)으로 설명하고 있는데, 본체는 실재의 측면에서 파악되는 마음이며 양상과 기능은 현상의 측면에서 파악되는 마음이다. 진여의 양상과 기능은 마음의 현상계적 표현이라 할 수 있고 이는 상념에 의해 파악되는 마음이다. 따라서 진여가 정법훈습의 원인과 계기로 작용하는 진여는 진여 그 자체가 아닌 진여자체상(眞如自體相, 진여의 본체와 양상)과 진여용(眞如用, 진여의 기능)이다. 진여자체상은 마음 속의 진여이며 진여용은 마음 밖의 진여이다. 진여와 상념이 이론적 필요에 의해 가공적으로 설정된 것인 만큼 이 두 가지는 진여 그 자체와 다르지 않다(강현영, 2003, p.56).

을 받는다. 여기서 중요한 점은 진여자체상과 무명, 망경계와 진여용이 동일한 위치를 차지한다는 점이다. 무명은 곧 진여(체상)요 망경계도 곧 진여(용)이다(강현영, 2003, pp.56-57).

'염법훈습'과 '정법훈습'은 마음이 무엇인가의 영향을 받아 어느 한 방향으로 운동하는 과정을 설명하는 개념이지만, 여기서 마음의 운동은 실지로 일어나는 마음의 움직임이 아니라 상념이 진여가 되고, 반대로 진여가 상념이 되는 마음의 변화를 의미한다. '염법훈습'(이념)과 '정법훈습'(귀어진여)은 두 가지 상이한 운동이 아니라 마음의 상태를 설명하는 것으로 사실은 진여로 돌아가는 운동 밖에 없다고 보아야 한다. 결국 상념이 있다는 조건만으로 진여에 도달할 수 있고, 진여로 돌아가는 일은 오직 현상세계를 더욱 철저히 지각하는 방법밖에 없다는 것이다.

또한 인식의 대상이 되는 사물과 현상은 정도의 차이는 있어도 모두 진여를 감추고 있다고 보아야 하고 인식의 대상 중 어떤 것이든지 '정법훈습'의 계기가 될 수 있다. 그러나 사물이나 현상은 그 속에 들어 있는 진여를 적극적으로 보여 주지 못한다. 따라서 진여를 잘 드러내어 보여주는 것, 즉 경전을 중시하는 것이다. 경전이 깨달은 자의 말로서 진여를 보여주듯이 교과(지식)는 인류가 축적해 온 '완전한 의미의 개념'을 드러내기 때문에 그 위치가 다르지 않다고 할 수 있다. 진여용은 진여를 보여주는 방편으로서 교육에서 교과와 대응한다(한상원, 2000, p.34). 결국 '훈습'은 교과 공부의 의미가 형이상학적 마음으로 나아가는 길임을 말해 주는 것이다.

교과 공부하는 일은 개념적 사고를 핵심요소로 삼고 있는 만큼 '교과 공부'와 '개념적 사고'를 맞바꾸어도 큰 무리가 없다. 「기신론」에서 개념적 사고와 의미상 가장 유사한 용어는 상념일 것이다(이승은, 2003, p.22). 「기신론」에서 개념적 사고는 우리가 진여에 이르기 위해 떠나야 할 것이면서 동시에 진여에 이르는 발판이 되는 것이기도 하다. '상념'은 진여와 대비할 경우에만 그것이 헛된 것이라든가, 물든 것, 또는 떠나거나 버려야 할 것이라는 점이 확인된다. '상념'은 모든 의미와 가치의 기준이 되는 형이상학적 근거를 그 내부에 갖고 있는 것이며, 이것은 '상념'이 '진여'에 합치될 가능성을 가진다고 말할 수 있는 근거가 되는 것이다. '정법훈습'에서 진여로 향하는 마음의 운동을 일으키는 원인과 계기는 별도의 외적 조치에 의해 구해지는 것이 아니라 상념 그 자체의 성격에서 구해진다. 이는 형이상학적 마음을 지향하는 마음의 변화를 일으키는 원인과 계기는 교과 공부, 즉 개념적 사고에서 출발한다는 것을 말하는 것이다.

(2) 성리학에서 이해의 의미

성리학의 심성론이 지니고 있는 가장 두드러진 특징 중 하나는 마음을 중층구조로 파악하고 있다는 점이다(이홍우, 2000c, 이홍우 외, 2003, 장성모, 2004, 박채형, 2002 등). 마음을 중층구조로 파악하는 성리학의 아이디어는 우리의 마음이 처음부터 상이한 두 방향의 지향성을 갖는다는 생각 속에 잘 표현되어 있다. 이와 같은 생각을 최초로, 그리고 가장 선명하게 드러내고 있는 것이 바로 「書經」 大禹謨 篇에 실려 있는 '人心惟危 道心惟微 惟精惟一 允執厥中'[인심은 잘못 흐르기 쉽고 도심은 드러나기 어렵다. 마음을 순수하고 전일하게 하여 불변의 궁극에서 벗어나지 말라]는 구절이다. 성리학의 최고의 형이상학서로 평가되고 있는 「중용」과 이를 중심으로 하여 전개되는 성리학의 심성론적 논의들은 모두가 이 명제 속에 들어 있는 마음의 구조와 마음의 운동에 관한 아이디어를 이론적인 수준에서 정련한 것이다(장성모, 2004, p.8).

교과의 '이해'에 해당하는 성리학의 용어는 '자득(自得)'이다. 자득은 경전공부를 통해 이르게 되는 이상적인 경지를 인식론적 관점에서 일컫는 개념이다. 자득은 '자연(自然)'과 거의 동일한 의미를 가지고 있다. 구태여 구분하자면 자득은 교과가 내면화되는 측면을 가리키는 반면에 자연은 내면화된 교과가 말과 행동으로 표현되는 측면을 가리킨다고 말할 수 있다(이홍우, 2000c, p.49).[5] 맹자에서 자득이라는 용어를 다음과 같이 설명하고 있다.

---

5) 비록 이 구절에서는 맹자가 '자득'을 직접 규정하기보다는 간접적으로 암시하고 있으며, 오직 경전 공부만을 염두에 두었다고 보기도 어려울지 모른다. 그러나 성리학의 궁극적인 관심사가 경전공부를 통한 마음의 형성과정을 설명하는 것이기 때문에 이 문구에 주목하게 되는 것이다.

> 군자가 道를 따라 깊이 파내려 가는 것은 그것을 自得하기 위해서이다. 자득하면 정신적 긴장에서 벗어날 수 있으며, 정신적 긴장에서 벗어나면 자신의 지적 자원을 그 깊은 수준에 이르기까지 활용할 수 있으며, 자신의 지적 자원을 그 깊은 수준에 이르기까지 활용하면 좌우 어디를 둘러보더라도 사물의 근원에 닿는다. 군자가 道를 자득하고자 하는 것은 이 때문이다.
> [君子深造之以道 欲其自得之也 自得之 則居之安 居之安 則資之深 資之深 則取之左右逢其原 故君子欲其自得之也 (離婁 下 14)]

위의 문구에서 보면, 道를 자득하는 것이 경전공부의 이상이라는 점을 받아들인다 하더라도, 그 경지에 도달한 사람의 마음의 상태와 활동이 어떤 것인가는 쉽게 파악되지 않는다. 그리하여 주희는 '大抵 學不言 而自得者 乃自得也 有安排布置者 皆非自得也(무릇 언설이 완전히 자신의 생각으로 바뀌어 더 이상 언설에 의존할 필요가 없는 상태로 되는 것이 자득이며, 말을 이리저리 둘러대고 꿰맞추 것은 모두 자득이 아니다)'라는 정호의 말을 인용한다. 이 말은 당시는 물론 오늘날까지 자득에 관한 대표적인 규정으로 지목되고 있다(박천환, 2002, p.5).

결국 자득은 언설을 통해서 그것의 궁극적 원천인 道를 획득하게 되는 이상적인 경지를 가리키는 것이라 할 수 있다. 道가 언설의 궁극적 원천이라는 말은 언설을 아무런 구분이 없는 형태로 한꺼번에 압축하고 있으며, 그러한 道가 외부적으로 표현된 것이 경전의 표면을 이루는 언설이라는 뜻을 나타낸다. 그러므로 당사자가 道를 획득했다는 것은 다름이 아닌 그의 마음 속에 일체의 경전이 들어있다는 뜻을 나타내며, 이 점에서 그에게는 경전 공부가 더 이상 무의미한 것으로 된다. '언설이 완전히 자신의 생각으로 바뀌어 더 이상 언설에 의존할 필요가 없는 상태로 된다'라는 정호의 말은 이점을 지적하는 것으로 받아들일 수 있다(이홍우, 2000c, 박천환, 2002, p.7). 만일 누군가 모든 경전을 마음속에 압축하고 있는 이상적인 경지에 이른다면, 그는 아무런 노력 없이 자신의 마음을 자연스럽게 표현해도 언제나 경전을 이해하는 것으로 될 것이다.

물론 언설로 이루어진 경전 공부가 道의 획득으로 나아가지 못하고 단순히 언설을 기억하는 데 머무르는 상태를 가리키는 '점필(佔畢)'이라는 용어가 「예기」에 나온다는 사실은 바로 경전공부의 그러한 사태가 있다는 점을 보여준다. 점필이 경전공부를 통해 道를 획득하는데 실패를 뜻하는 용어라면, 자득은 경전공부를 통해 그것의 궁극적인 원천인 道를 획득하게 되는 이상적인 경지를 일컫는 용어라고 할 수 있다. 이러한 '점필'과 '자득'은 각각 교과교육이 지향하는 이상적인 경지인 이해와 그것의 실패를 뜻하는 단편적인 지식의 획득이 어떤 것인가를 이해하는데 중요한 단서가 된다(박천환, 2002, p.14).

그렇다면 '자득'에 이르는 일이 어떻게 가능한가? 경전공부를 통해서 이상적인 경지에 이르는 과정은 성리학자들에 의해 격물치지론(格物致知論)으로 체계화되어 있다. 「대학」의 핵심을 이루고 있는 '격물(格物)'과 '치지(致知)'는 자득을 그 방법의 측면에서 규정하는 개념이다. 「대학」의 格物補傳章에 다음과 같이 격물치지론을 압축적으로 보여주고 있다(이홍우, 2000c, p.57).

> [大學에서] 致知는 格物에 있다고 말하는 것은 다름 아닌 나의 앎을 지극히 하려면 사물에 나아가 그 理를 끝까지 추구해야 한다는 것을 뜻한다. 무릇 사람의 마음에 들어있는 신령한 자질은 반드시 앎의 능력을 갖추고 있고, 천하를 채우고 있는 사물은 반드시 理를 갖추고 있다. 앎이 지극한 경지에 나아가지 못하는 것은 理의 추구가 철저하지 못하기 때문이다. 그리하여 大學—大人의 學—은 배우는 사람으로 하여금 이 세상의 모든 사물에 관하여 자신이 이미 알고 있는 理를 기초로 하여 그것을 더욱 추구하도록 하는 것을 가르침의 출발로 삼는다. 배우는 사람이 理의 궁극적인 경지에 이르는 것을 목적으로 삼아 오랫동안 열심히 노력하면 그는 어느 날 하루 아침에 눈앞이 환히 트이면서 모든 사물이 한꺼번에 속속들이 이해되는 것을 경험하게 된다. 이제 뭇 사물은 모든 측면을 남김없이 드러내며, 우리의 마음은 그 體와 用이 모조리 밝아진다. 이것이 바로 格物이며, 이것이 바로 致知이다.
>
> [所謂 致知在格物者 言欲致吾之知 在卽物而窮其理也 蓋人心之靈 莫不有知 而天下之物 莫不有理 惟於理有未窮 故其知有不盡也 是以大學始敎 必使學者 卽凡天下之物 莫不因其已知之理 而益窮之 以求至乎其極 至於用力之久

而一旦豁然貫通焉 則衆物之表裏精粗 無不到 而吾心之全體大用 無不明矣 此謂物格 此謂知之至也]

'格物'(격물)과 '致知'(치지)는 두 가지 인식 활동을 가리키는 것이 아니라 理를 추구하는 한 가지 활동의 두 가지 상이한 측면이다. 그것은 각각 인식 주체가 외부 대상 또는 지식을 받아들이는 객관적 측면과 인식의 사태에서 인식 주체에 갖추어져 있어야 하는 조건 또는 인식의 결과 도달되는 인식 주체의 마음인 인식의 주관적 측면이다(이홍우, 2000c, pp.58-59). 이 두 측면의 관련이 교과의 내면화, 즉 이해이다.

격물보전장의 첫 문장에는 '致知는 格物에 있다'는 말이 '나의 앎을 지극히 하려면 사물에 나아가 그 理를 끝까지 추구해야 한다'는 뜻으로 풀이되어 있다. 이 풀이에 따르면, 나와 사물은 분명하게 구분되며, 이들 양자 사이에는 두 가지 방향의 운동이 일어난다. '사물에 나아가 그 理를 끝까지 추구한다'는 말이 보여주는 마음이 경전으로 나아가는 운동과 '나의 앎을 지극히 한다'는 말이 보여주는 경전에서 마음으로 돌아오는 방향의 운동이 바로 그것이다. 격물보전장의 첫 문장은 이 두 가지 방향의 운동을 각각 격물과 치지로 규정하는 동시에, 치지가 격물의 결과에 해당하는 것으로 기술하고 있다(박채형, 2002, p.7).

'무릇 사람의 마음에 들어있는 신령한 자질은 반드시 앎의 능력을 갖추고 있다'는 문장은 사람이라면 누구나 자신의 마음 속에 신령한 자질을 갖추고 있다는 점, 사람은 그 신령한 자질에 의하여 앎에 이르게 된다는 점을 보여준다. 인간이 갖추고 있는 생득적인 조건으로서의 人心之靈은 이미 알고 있는 理(已知之理)가 앎에 이르기 위한 활동의 조건에 해당한다는 점을 명시적으로 지적하고 있다. '그것의 궁극적인 경지에 이르는 것을 목적으로 삼는다'는 말에서 볼 수 있듯이, 理는 경전을 공부한 결과로 획득되는 것이다.

이 점에서 보면, 已知之理는 앎의 생득적인 조건으로서의 人心之靈과 상이한 것처럼 생각된다. 人心之靈은 마음이 경전에 대하여 모종의 활동을 가한 결과로 그 속에 들어있는 理를 획득하게 된다는 것을 시사한다는 점에서 격물에서 치지로 나아가는 방향을 취하고 있다면, 已知之理는 경전공부를 통해서 획득한 理가

다시 이후에 수행할 경전공부의 조건이 된다는 것을 시사한다는 점에서 치지에서 격물로 나아가는 방향을 취하는 것으로 파악된다(박채형, 2002, p.107).

그러나 已知之理와 人心之靈을 상이한 방향의 활동으로 파악해서는 안된다. '치지'에서 '격물'로 나아가는 방향은 경전을 배우는 일이 마음속에 갖추어져 있는 理가 경전을 계기로 하여 외부적으로 표현되는 것이라 할 수 있으며, '격물'에서 '치지'로 나아가는 방향은 경전의 내용을 파악하는 과정에서 그 속에 들어있는 理를 획득하게 된다는 뜻이다. 결국 마음속에 갖추어져 있는 理가 경전을 계기로 하여 외부적으로 표현되는 바로 그 순간 경전 속에 들어있는 理가 획득된다는 것은 '격물'과 '치지'가 별도로 일어나는 두 가지 활동이 아님을 보여주고 있다. 「기신론」의 '훈습'과 같이, '격물'과 '치지'는 따로 떨어져서 일어나는 두 가지 별개의 활동이 아니라 한 가지 활동의 두 측면에 해당한다고 할 수 있다.

道 또는 理는 교육을 설명하기 위하여 그 과정을 치밀하게 분석한 결과로 찾아낸 교육적 개념이라고 할 수 있으며, '자득'은 바로 그 道 또는 理에 의하여 설명되는 교육의 이상적인 경지를 가리키는 개념이라고 할 수 있다. '자득'이 방법의 측면에서 격물치지론으로 설명된다는 사실은 '이해'라는 이상적인 경지가 어떤 방식으로 파악되어야 하는가를 여실하게 보여준다. 교과와 마음의 끊임없는 상호작용을 통해 교과가 마음이 되는 과정, 즉 이해의 과정을 설명하는 것이다. 결국 성리학에서 마음의 변화를 일으키는 계기는 교과, 즉 개념적 사고이며 교과를 이해하는 것은 마음 바깥에 있는 교과가 마음으로 들어오는 것이 아니라 마음이 외부적으로 표현되는 것임을 보여준다.

(3) Kant의 선험 철학에서 이해의 의미

Kant의 선험철학은 인간의 삶을 올바른 방향으로 이끌려는 문제의식에 기초한 것인 만큼 그것이 드러내는 마음의 이론은 교육이론으로 해석될 수 있다(장발보, 2003; 정혜진, 2004; 신춘호, 2005). '구분'을 핵심으로 하는 교과공부를 통하여 어떻게 '무구분'을 특징으로 하는 실재(형이상학적 마음)에 이르게 되는가를 상세화하는 문제를 해결하는데 Kant 철학에 대한 이해가 매우 중요하다(김광민,

2005, p.122).

Kant 철학의 가장 두드러진 공헌은 인식이 어떻게 가능한가 하는 인식의 문제를 논리적으로 분석하여 인식의 깊은 차원을 보여주었다는 점에 있다. 특히, Kant 이전의 철학이 정신을 그것의 실체화된 표현인 영혼과 혼동함으로써 경험적 세계 속에 한 부분으로 존재하는 것으로 간주하던 것과는 달리, Kant 철학은 정신 또는 정신으로서의 인간존재를 경험적인 세계와는 차원을 달리하는 형이상학적 세계에 위치하게 하였다.

Kant의 선험철학이 드러내는 마음에 관한 이론이 곧 교육학으로 해석될 수 있다면, 교과를 이해한다는 것은 어떻게 설명될 수 있는가? Kant의 용어로 교과를 이해한 상태는 교과로 표현되기 이전의 순수주관성을 획득한 상태이다. 표현되기 이전의 순수주관성은 '아프리오리 또는 이념(Idee, Ideas)'[6]라고 할 수 있으며, '아프리오리 또는 이념'을 내면화된 상태로 규정할 때 교과의 이해는 교과가 내 마음으로 녹아 들어와 그 내용을 잃어버리고 내 마음의 순수한 형식이 된다는 것을 의미한다.

Kant의 본체계와 현상계 사이의 연결방식은 '아프리오리(또는 이념)'라는 개념에서 알 수 있다. '아프리오리'라는 것은 '이런 저런 것을 아는 것'과 별도로 '특별한 능력'으로서의 '아는 것'이 있다는 생각을 철저히 비판하는 과정에서 창안해 낸 개념이다(정혜진, 2004, p.24). Kant는 '이념'의 개념을 창안하고 그 개념

---

6) Kant는 언제나 '아프리오리'(a priori)를 부사나 형용사로 쓰고 있다. 아프리오리는 '무엇무엇에 앞서는 것' 또는 '이전'을 뜻하며, 아프리오리는 아포스테리오리가 '경험 이후'를 뜻하는 것과 마찬가지로 '경험 이전'을 뜻한다. Kant 자신은 a priori Knowledge '아프리오적 지식' 또는 a priori concept '아프리오적 개념'과 같은 용어를 쓰지만 이 용어는 경험 이전에 지식이나 개념이 있을 수 있다는 뜻을 나타내는 것이 아니라, 오직 '지식'-이미 '경험과 더불어' 생긴 지식-에서 경험 내용을 관념상 배제했을 때에 남게 되는 '순수한' 지식을 가리킨다. 이 경우 아프리오리는 '순수이성'에서의 '순수'와 동일한 의미를 나타낸다(이홍우, 2006, pp.281-282). Kant가 아프리오리를 명사형이 아니라 형용사나 부사형으로 사용한 것은 그 자체로 존재하는 것이 아니라 현상의 논리적 가정으로만 존재할 수 있다는 점을 강조하기 위해서이다. 마음의 중층구조와 관련하여 Kant의 철학을 연구한 신춘호(2005), 장발보(2003), 정혜진(2004)의 논문에서 아프리오리를 명사형으로 사용하고 있다. 따라서 이 책에서는 '마음의 중층구조'에 비추어 본 교육이론을 고찰하는 과정에서 아프리오리의 명사형과 이념을 동일한 의미로 사용한다.

에 입각하여 학문, 도덕, 예술, 종교 등의 근원을 확립하려고 했다. 전통적 형이상학이 추구하려는 실재나 본체라는 것은 대상을 인식하고 판단하는 우리의 마음과 떨어져 존재하는 별개의 실체를 가리키는 것이 아니라 대상을 인식하고 판단하는 우리의 마음 안에 '순수주관성'으로 깃들어 있는 이념이라는 견해를 확립한 것이다. '이념'은 주관과 객관의 구분에 기초한 일체의 개념적 구분을 초월하여 존재하는 마음으로서, 그것은 결코 개인이나 집단의 임의적 구성물도, 또 그러한 의미에서의 구성을 가능하게 하는 모종의 실체를 가리키는 것도 아니다(신춘호, 2005, pp.4-5).

'이념(또는 아프리오리)'은 인식이 일어난 시점을 출발점으로 하여 인식의 성립과정을 철저히 논리적으로 분석함으로써 밝혀낸 '인식의 주관적 조건'이다. Kant는 인식의 결과를 놓고 이 일이 가능하려면 무엇을 가정해야 하는 가를 논리적으로 분석하여 '인식의 주관적 조건'을 밝힌 것이며, 이 인식의 주관적 조건이 '이념'이다. '이념'은 경험을 하는 순간 이미 있는 것으로 가정되는 것, 즉 경험으로부터 추론되는 것이다. 우리가 경험의 세계를 받아들인다면 논리적으로 말해서 받아들이지 않으면 안 되는 것이 바로 '이념'이다.

한편 '아프리오리'는 경험이 있는 것과 동일한 방식이 아닌, 항상 대상과 함께 있어도 대상과 결부되어 있지 않고 경험적 내용을 가지지 않는다. 그러나 대상과 분리되어 있는 것이 아니라 '대상과 분리되지 않으면서 대상이 없는 상태'(정혜진, 2004, p.28)이다. Kant가 이러한 신적인 상태를 '순수주관성'[7]이라고 말한 것은 인간의 인식에는 초월적인 것이 개입되어 있음을 시사한다.

인식의 과정은 인식의 주관적 조건으로서의 순수주관성이 인식의 객관적 대상을 통합하는 과정, 즉 객관적 대상을 마음 안에 받아들이는 과정에 의해 이루어진다. 그러나 이러한 통합이 가능한 것은 인식의 주체에 인식의 조건이 갖추어져 있기 때문일 뿐만 아니라 인식의 대상이 바로 본체계의 현상학적 표현이기 때문이다. Kant의 인식론에 비추어 보면 인식의 주체와 인식의 대상, 마음과 세계는 각기 별개의 실체로서 분리되어 대립되는 것이 아니라 '유기적으로 통합된 하나'

---

7) 여기서 '순수'라는 개념은 어떠한 경험적 내용도 가지지 않는다는 것, 즉 모든 경험적 속성에서 벗어나 있다는 것을 뜻한다(Coplston, 1960, 정혜진, p.27 재인용).

이다. 바꾸어 말하면 인식하는 행위 속의 의식, 즉 의식 그 자체는 인식의 대상과의 이원론적 분리를 초월한다(Macvanel, 1905, 정혜진, 2004, p.29 재인용).

Kant는 인식을 감각, 이해, 이성이라는 세 수준으로 분석하고 그 각각의 수준에 상응하는 인식의 아프리오리를 구분한다. 감각수준의 아프리오리인 '시간과 공간', 이해수준의 아프리오리인 '범주', 이성수준의 아프리오리인 '이념'이 그것이다. 이러한 인식의 세 수준은 각각 따로 일어나는 것이 아니라 한꺼번에 일어나는 동일한 인식이며 그 세 가지 수준은 하나의 동일한 인식의 과정을 분석하여 나온 개념적 구분이라고 보아야 한다. 동일한 하나의 인식은 다름 아닌 '이해'이다. 이해에는 감각과 이성이 개입되어 있을 수밖에 없으며 감각과 이성이 개입되어 있다면, 감각과 이성의 주관적 조건인 시간과 공간, 이념이 모두 작용하고 있다고 보아야 한다. 예컨대 누군가 인식의 결과로 '지식 또는 개념'을 가지게 되었다면, 그는 감각수준의 인식의 결과인 '직관'을 외부대상으로 하는, '범주'라는 '인식의 주관적 조건'을 이미 갖추고 있다고 보아야 한다. 또한 그 범주는 '이념'의 이해 수준에서의 주관적 조건이다. 그러므로 여기서 시간과 공간, 범주, 이념으로 구분되는 것은 설명의 편의상 구분된 것이며 사실은 하나의 아프리오리이다(이홍우, 2000c, p.61). 인식의 세 수준 사이의 구분은 분석의 편의상 불가피하게 취해진 조치이다. 인식의 수준을 그와 같이 구분한다고 하여 감각과 이해와 판단이 그 순서대로 따로따로 일어난다고 생각한다면 그것은 옳지 않다. 이해가 일어나는 곳에는 이미 감각도 일어나고 판단도 일어난다. 그렇다면 그와 마찬가지로 세 수준에서의 아프리오리 또한 서로 구분될 수 있는 것이 아니다(이홍우, 2006, p.285).

Kant가 제시하는 여러 가지 인식의 주관적 조건들은 모두 이념의 예시물이라는 점에 주목한다면, 특히 주목해야 할 구분은 이해와 이성, 또는 개념과 이념의 구분일 것이다. 인식은 직관(감각)과 개념(이해)의 결합에 의하여 성립하는 만큼 이해는 어디까지나 개념의 수준에 존재한다. 감각은 이해에 필요한 직관을 제공한다는 점에서 이해에 포함될 수 있다. 반면 '무제약자'를 추구하는 이성은 개념과 동일한 평면상에 존재하는 것이 아니라 그 '안쪽' 또는 '위층'에 존재한다. Kant에게 있어서 이성은 인식능력이 아니다. 인식은 이해의 수준에서 일어나는 일이며, 이성은 이해의 체계적 통일을 추구한다는 점에서는 인식과 관련을 맺고 있지만, 이념을 추구한다는 바로 그 점에서 그것은 인식을 가져다주지 않는다. 이해와 이성, 개념과 이념 간의 이러한 관계에 비추어 볼 때 Kant의 선험적 관념론은 '마음의 중층구조'를 드러낸다는 점이 분명하다(신춘호, 2005, p.40).

Kant의 '개념'과 '이념'은 각각 중층구조의 아래층과 위층이다. 여기서 개념은 감각과 이해의 결합으로 생겨나는 일체의 인식을 포괄한다. 인식은 어디까지나 주관과 객관의 구분이 성립하는 현상의 세계에서 일어난다는 점에 주목할 때, 개념은 '경험적 마음'을 가리키는 반면 '이념'은 개념으로 표현되기 이전의 또는 그것의 위층에 존재하는 '형이상학적 마음'을 가리킨다.[8] 신춘호(2005)에 의하면, 전통적 형이상학과 비교할 때 Kant의 선험적 관념론이 지니는 으뜸가는 의의는 현상과 본체(또는 실재)라는 종래의 구분을 개념과 이념의 구분으로 바꾸었다는 점이다. Kant는 이념의 존재방식을 개념과 유리된 채로 존재하는 별개의 물건으로 다루지 않았다. 개념이 경험적 마음이라면, 이념은 그 경험적 마음 안에 '순수 주관성'으로 붙박혀 있는 형이상학적 마음인 것이다.

「순수이성비판」에서 마음의 구조에 관한 형이상학적 해명을 제시하고 있다면, 「판단력비판」은 '개념과 이념의 역동적 관련'을 드러냄으로써 심성 함양에 관한 형이상학적 해명을 제시하고 있다(신춘호, 2004, p.48). '판단력'은 이해나 이성과 별도로 존재하는 실체를 지니는 것이 아니라 이해나 이성의 구체적인 인식의 사태에서 작용할 때의 양상을 가리킨다. 즉, '판단력'은 '이념'이 지니고 있는 힘이며, 이 힘의 작용이 바로 '판단력'이다.

지식을 추구한다는 것은 우연적이고 상이한 현상들을 설명하는 하나의 법칙이나 원리를 탐구하고 다른 현상들과 관련하여 이해하거나 그 관계를 설명하는 보다 높은 수준의 법칙이나 원리들을 발견하는 것이라 말할 수 있다. 이를 Kant는 '판단'이라는 개념으로 설명한다. Kant는 「판단력 비판」에서 '구성적 원리'(constitutive principle)에 입각한 '규정적 판단'(determining power of judgment)

8) Kant의 용어로 말하자면, '경험적 마음'은 '현상적 자아'(phenomenal self)를 가리키며, '형이상학적 마음'은 '선험적 자아' 또는 '본체적 자아'(noumenal self)를 가리킨다(신춘호, 2005, p.40).

과 '규제적 원리'(regulative principle)에 입각한 '반성적 판단'(reflecting power of judgment)이라는 새로운 개념을 제시하고, 특히 '반성적 판단'의 성격과 역할에 대해 해명하고 있다. 이념의 작용으로서의 '구성'과 '규제'를 '마음의 중층구조'에 비추어 재규정하면, 전자는 '이념에서 개념으로의 운동'으로 그리고 후자는 '개념에서 이념으로의 운동'이라는 '개념과 이념의 역동적 관련'을 나타낸다고 할 수 있다(장발보, 2003, 정혜진, 2004, 신춘호, 2005).

'규정적 판단력'과 '반성적 판단력'은 각각 이해와 이성의 구분에 상응한다. 이 두 판단은 보편과 특수를 연결하는 방식에 따라 구분된다. '규정적 판단'은 보편이 주어진 경우 그 보편에 특수를 포섭시키는 판단으로 우리가 보통의 의미로 사용하는 판단이다. 즉 'X는 Y이다'라는 형태로 진술될 수 있는 일체의 판단을 가리킨다. 반면, '반성적 판단'은 특수만 주어진 경우 그 특수에 대한 보편을 찾아내는 판단이다.

개념과 사례의 관련을 들어 판단을 설명하면, '판단'은 개념과 사례를 관련짓는 것이다. 객관적 대상이 존재하는 개념을 그 사례에 적용하여 '이것은 이 개념의 사례이다'라고 결정하는 판단으로 정의와 동일한 형식을 띠는 판단이 '규정적 판단'이다. '규정적 판단'을 다르게 표현하면 '개념에 의한 판단'(정혜진, 2004, p.32)이라 할 수 있다. '반성적 판단'은 사례를 통해 객관적으로 존재하지 않는 대상의 개념을 형성하는 판단이라고 말할 수 있다. 사물에 대한 판단이 어떤 개념에 관한 경험인가가 불분명 할 때의 판단으로 '이 사물은 나에게 이런저런 의미를 가진다'라는 형식을 취한다. 따라서 이 판단의 경우에는 그 사물의 의미가 무제한으로 개방되어 있다는 점에서 그 의미가 한없이 열려 있는 판단이다(장발보, 2004, p.33, 정혜진, 2004, p.32). '규정적 판단'은 특수적 사례를 보편적 개념으로 규정짓는 행위라는 점에서 '개념에 의해 사물을 파악하는 행위'라고 할 수 있고, '반성적 판단'은 특수적 사례 속에서 보편적 개념을 발견해 나가는 행위라는 점에서 '사물의 궁극적 의미를 추구하는 행위'(정혜진, 2004, p.33)라고 할 수 있다.

'마음의 중층구조'의 관점에 비추어 보면, '규정적 판단'을 통해 이념을 인식하는 것에 대한 가능성을 설명하는 개념이 '반성적 판단'이다. 보편에 의해 특수가 포섭되는 '규정적 판단'이 가능하기 위해서는 특수를 규정할 보편이 이미 결정되어 있어야 한다. 만약 특수를 규정할 보편이 존재하지 않는다면 '이것은 무엇이다'라는 판단이 성립할 수 없기 때문이다. 따라서 '규정적 판단'이 일어나는 데 필요한 보편을 찾는 일을 하는 판단인 '반성적 판단'은 규정적 판단 이전에 일어나는 판단이어야 한다. 그러나 이 두 판단은 동시에 일어나는 것으로서, 현상을 이해하는 활동으로서 '규정적 판단'이 일어날 때 이미 그 판단에 '반성적 판단'이 들어 있다고 보아야 한다(신춘호, 2005, p.56, 장발보, 2003, p.37). 다시 말해 '반성적 판단'은 '규정적 판단'에 논리상 선행하며, '규정적 판단'에서 추론된 것이 '반성적 판단'이다.

결국 '반성'과 '규정'은 한꺼번에 일어난다고 할 수 있다. '규정'을 하는 순간에 그 '규정'의 의미와 가치에 대한 '반성'이 일어나고, '규정'이 그 나름의 의미와 가치를 가지게 되는 것은 그 이면에는 '반성'이 수반되어 있기 때문인 것이다(신춘호, 2005, p.57). '반성'은 '규정'과 떨어져 있지 않으면서 그 행위의 방향을 조절하는 기능을 한다고 할 수 있다.

'규정적 판단'은 바로 '개념을 가지고 사물을 파악하는 것'을 의미하며 그리고 개념을 가지고 사물을 파악할 때의 원리가 '구성적 원리'였다. 결국 사물이나 현상을 파악하는 기준이나 원리가 되는 것은 '개념'인 것이다. '반성적 판단'에 작용하는 원리는 '규제적 원리'로서 그 기준이 되는 것은 이성 수준에서의 인식의 주관적 조건인 '이념'이다. 이성 수준에서의 인식의 주관적 조건인 '이념'이 하는 일이 '반성적 판단'이며 그 판단이 지식과 행동에 작용하는 것이 '규제'이다.

'규제적 원리'는 이 '반성적 판단'이 지식과 행동에 작용하는 것을 가리키는 것으로서, 지식과 행동은 모두 '반성적 판단'의 영향 하에 있다는 점, 즉 이념의 규제를 받는다는 점에서 Kant는 이념을 통해 행위를 조절하고자 하였다(정혜진, 2004, p.33). '반성적 판단'은 '이념'이 우리의 이해와 활동에 '작용한다'는 것을 드러내기 위한 개념인 것이다.

'마음의 중층구조'라는 관점에 따르면, '개념'은 '이념'의 현상적 표현물로서의 지위를 지니며, '규정적 판단'은 '이념에서 개념에로의 운동'(즉 '개념의 획득')을 가리킨다고 말할 수 있다. 인식과 판단으로 표현되는 것이 있다면 그것은 곧 마음이며, 따라서 '이념에서 개념에로의 운동'은 '마음의 표현'을 가리킨다. 얼른 보기에 '개념의 획득'과 '마음의 표현'은 서로 방향이 다른 것처럼 보일 수 있다. 그러나 '마음의 중층구조'에 따르자면, 개념을 획득하는 사태는 곧 마음이 표현되는 사태이다. '구성'과 '규제'가 별도로 일어나는 것이 아니듯이 '규정'과 '반성' 역시 별도로 일어나는 일이 아니다. 양자는 인식의 두 측면으로 존재할 뿐이다.

'개념의 획득'(이념에서 개념으로의 운동)과 '이념의 실현'(개념에서 이념에로의 운동)은 동시에 일어나는 일이라는 점에 주목할 때, '개념에서 이념에로의 운동'을 보다 구체적으로 확인하는 유일한 방법은 개념 획득의 사태를 보다 면밀하게 고찰하는 것이다. 이미 고찰하였듯이, Kant에 의하면, 인식은 직관과 개념의 결합에 의하여 성립하며, 이 인식은 이념의 '구성'과 '규제'를 받는 것으로 되어 있다. 그렇다면 '개념에서 이념으로의 운동'을 가리키는 '규제'는 우리가 대상으로부터 직관을 받아들이고 그것을 다시 개념으로 종합하는 인식의 전과정을 모두 '규제'하고 있다고 보아야 할 것이다(신춘호, 2005, p.71).

'마음의 중층구조'에 비추어 보면, 이념이라는 것이 무엇이고 우리의 삶에 어떤 빛을 던져주는 가는 개념을 통해 이념을 내면화(마음의 획득)하고 그렇게 하여 내면화 한 이념을 개념으로 표현하는 사태(마음의 표현)에서 가장 여실하게 드러난다고 보아야 할 것이다. 지적 활동의 이면에 형이상학적인 마음인 이념이 있다는 것, 모든 일체의 지식은 이 하나뿐인 마음인 이념이 대상에 따라 상이한 형태로 표현되는 것이라는 점을 드러내고 있다고 할 수 있다.

Kant의 선험 철학에는 인간은 결코 현상계로부터 벗어날 수 없다는 점, 현상계의 저편에 있는 이념이라는 것은 현상계와 떨어져 있는 것이 아니라 현상계 속에 그것의 논리적 가정으로 존재할 뿐이라는 견해가 반영되어 있다. 이념이나 실재라는 것이 아무리 좋은 것이라 하더라도 그것이 교과에 담겨있는 개념적 지식과 동떨어져 있는 것이거나 관련이 불명확한 상태로 있게 되면 실제적인 의의를 가질 수 없게 된다는 점을 말해주고 있는 것이다.

3. 교과교육의 의미: 심성 함양

'마음의 중층구조'라는 관점에 비추어 보면, 마음에는 경험적 마음뿐 아니라 형이상학적 마음도 존재하며, 양자는 각각 마음의 아래층과 위층으로 겹쳐져 있다. 앞에서 고찰한 「기신론」, 성리학, Kant의 선험철학은 이러한 마음의 구조를 선명하게 제시하고 있다. 이들 이론에 의하면, 무시간적 차원에서 마음과 세계는 경험적인 것(아래층)과 형이상학적인 것(위층)으로 구분된다. '마음의 중층구조'에서 위층을 이루는 형이상학적 마음(또는 실재)은 대상을 인식하고 판단하는 우리의 경험적 마음과 마주 서 있는 대상으로 존재하는 것이 아니라, 바로 경험적 마음 이면에 그것의 형식(원천)으로서 존재한다. 또한 형이상학적 마음은 단순히 지식 획득의 논리적 가정으로서만 존재하는 것이 아니라, 자체의 힘을 가지면서 지식 획득 사태에 작용한다.「기신론」에서 진여는 수행을 통하여 도달해야 하는 목적인 반면에, Kant 철학에서 이념은 인식을 설명하기 위하여 고안된 이론적 개념이다(이홍우, 2006, p.290). Kant의 선험철학이 '판단'을 통해 개념에는 이념이 작용하고 있음을 설명하여 교과의 성격을 잘 드러내어 주고 있다면, 「기신론」은 '훈습'을 통해, 성리학은 '격물치지'를 통해 교과의 목적을 분명히 드러내 주고 있다.

마음의 중층구조에서 위층, 즉 형이상학적 마음(또는 실재)은 학습을 가능하게 하는 인식의 선험적 조건인 동시에 삶과 교육을 통해 부단히 추구해야 할 심성의 이상적인 기준이다. 그러나 위층인 형이상학적 마음은 일체의 지식, 현상을 아무 형체도 없이 압축한 상태의 마음이다. 시간 계열을 따라 일어나는 지식 획득의 과정에서 그것은 또 다른 지식 획득의 조건이 된다. 그렇지만 인간에게 주어진 것은 현상 또는 경험적 마음뿐이며 교육 역시 시간과 공간의 제약을 받는 아래층에서 전개된다. 교육은 언어로 표현된 교과라는 매체를 통하여 심성함양이라는 이상을 추구하는 일이 된다. 교육의 과정을 통해 전달하고자 하는 것은 언어로 표현되어 있는 것 자체가 아니라 그것으로 표현되기 이전의 의미이다. 그러므로 교육이 지향해야 하는 궁극적인 목적으로서의 형이상학적 마음과 그것의 현상적 표현물에 해당하는 개념(교과)과의 역동적 관련에 관심을 가지게 된다.

학교에서 배우는 교과는 인간의 분화된 인식에 적합한 언어로 이루어진 시간과 공간의 제약을 받는 현상의 사물로 존재한다. 그러나 학교 교과는 '세계와 인간에 관한 다양한 탐구의 발자취'(Oakeshott, 1975, p.27)로서 인류문화의 총체가 담겨 있다. 오우크쇼트에 따르면 교수라는 것은 학생을 인류의 공동의 업적인 정신세계에 입문시키는 계획적, 의도적 활동이다. 이때 학생들이 입문해야 할 정신세계는 인간의 마음과 별도로 존재하는 추상물이 아니라 그것에 대한 우리 마음의 해석으로서의 구체적인 신념이다. 그것은 사물의 세계가 아니라 사실의 세계이다. 그것은 표현의 세계이며 이 표현은 인간의 마음의 표현이다. 그러나 그것을 교수하는 일은 원리의 수준에서 이루어 질 수 있는 일이 아니라, 오직 세부사항을 통하여 이루어질 수 있을 뿐이다. 그럼에도 무엇보다 중요한 것은 전수되고 학습되는 내용, 지식과 이해의 대상이 되는 내용은 사고요, 사고의 다양한 표현들이라는 것이다(이홍우 외, 2003, pp.372-373).

성리학에 따르면, 경전과 동등한 지위로서 교과는 형이상학적 마음을 직접 표현한 현상적 대응물로서, 경험적 마음이 형이상학적 마음을 회복하는 경로, 즉 심성 함양의 경로이다. 경전은 진여 또는 道와 같은 형이상학적 마음(실재)을 직접 표현하고 있으며, 그 점에서 경전은 진여에 이르는 특별한 경로가 된다. 성리학의 경전은 개인의 마음이 지니고 있는 두 가지 지향성 중에서 형이상학적 마음을 지향하는 마음의 운동을 일깨우고 북돋기 위해서 마련된 것이다. 성리학은 경전공부의 과정에서 마음의 본체의 자유로운 운동을 조명하고 부각시킴으로써 교과교육의 궁극적 목적과 이상을 보다 정확히 보여주고 있다(장성모, 2004, p.12).

이를 교육의 맥락에서 번역하면, 개념적 지식은 형이상학적 마음(또는 실재)을 직접적으로 표현하고 있으며, 그 점에서 개념적 지식은 형이상학적 마음에 이르는 특별한 통로가 된다고 말할 수 있다. 지식은 개인이 가지고 있는 경험적 마음이 바깥 사물이나 현상을 다룬 결과로 갖게 되는 형이상학적 마음의 표현이다. 형이상학적 마음은 그것의 표현을 통해서만 회복될 수 있다는 점에서 지식은 형이상학적 마음을 회복하는 유일한 통로가 된다고 말할 수 있는 것이다.

Nelson(1949)에 따르면, 우리가 관심을 갖는 지식은 경험으로부터 도출된 지식이 아니라 우리의 이성 속에 토대를 두고 있는 지식이다. 이 지식은 우리의 의식 속에 분명하고 즉각적으로 존재하는 지식이 아니라 우리의 이성 속에 원초적으로 불명확하게 들어 있는 지식이다. 그러나 우리 내부에 들어 있는 그대로의 것을 조명하는 일은 쉬운 일이 아니다. 이러한 지식이 우리의 이성 속에 불명확한 상태로 들어 있다고 하여도, 그것은 일상의 모든 판단 속에서 스스로를 드러낸다. 그것은 모든 경험적 판단의 기본이 되는 것으로서 그것을 찾아내는 데에는 우리의 지성을 구체적으로 사용하는 것 외에 다른 방법이 없다. 비록 그 진리성이 어떤 토대 위에 놓여있는지를 우리가 설명할 수 없다고 해도, 우리는 경험적 판단에서 시작할 수밖에 없는 것이다. 직관과 개념에 의해서 지식을 획득하는 경험적 마음을 통해서만 순수 이성에 의해서 지식을 획득하는 형이상학적 마음을 회복할 수 있는 것이다.

교과를 이해하는 것은 자신의 마음을 들여다보는 일을 추구하고 그 결과로 형이상학적 마음을 지향하는 것이다. 교과를 배움으로써 우리가 살고 있는 세계, 현상은 끊임없이 변화한다는 것을 알게 되며, 교과를 통해 배운 개념을 기초로 여러 가지 변화와 현상을 해석하는 안목을 갖추게 된다. 그리고 그 안목을 통해 변화 속에서 변하지 않는 법칙과 원리를 발견하게 되며, 그 변화는 우리 마음의 조작에 불과하다는 현상의 본질을 여실히 알게 되는 것이다. 교과는 학습자로 하여금 교과에 담긴 의미를 통해 자신의 마음을 되돌아보게 하는, 즉 자신에게 이미 주어져 있는 형이상학적 마음을 회복하게 한다.

교과에 진술된 언어가 의미하는 개념의 도움으로 그 개념에 함의되어 있는 개념들의 연쇄를 들추는 과정에서 개념 이면의 '마음'을 자신의 마음에 비추어 보면서 자기 자신의 마음(형이상학적 마음)이 보다 분명해진다. 교과학습을 통해 학습자는 개념들의 연쇄의 종착점인 '개념의 총체'가 교과공부를 통해 밖으로부터 얻는 것이 아니라, 이미 자신 안에 있던 것을 발견하는 것이라는 점을 알게 되는 것이다(구리나, 2004, p.71).

교육의 근본은 교과교육을 통한 심성함양에 있으며, 교육의 근본을 회복하는 길은 교과를 그 원래의 의미와 가치로 되돌리는 데에 있다(이홍우, 2004, p.15). 학교에서 가르치는 교과는 이론적 지식으로 이루어져 있다. 학교에서 가르치는 교과의 지식은 어떤 것이든지 그 이면에 형이상학적 마음을 깔고 있으며, 이 표현되기 이전의 형이상학적 마음을 표현하고 있기 때문에 지식이 될 수 있다. 그런데 이 표현되기 이전의 형이상학적 마음은 교과에만 있는 것이 아니라 우리 마음에도 있다. 우리가 학문을 이해하고 아름다움을 느끼는 것은 우리 마음 속에 이미 그 표현되기 이전의 형이상학적 마음, 즉 바로 심성이 있기 때문에 가능한 것이다. 교과는 아직 뚜렷하지 않은 표현되기 이전의 형이상학적 마음인 심성을 점점 뚜렷하고 강력한 형태로 표현되도록 한다. 이것이 가장 완전하게 실현된 상태가 바로 심성이 함양된 상태라 할 수 있다. 이 때 우리의 마음은 가장 순수하고 올바르며 아름다운 상태라 할 수 있을 것이다.

교과를 가르치고 배우는 것은 외부로부터 우리의 마음을 채우는 일임과 동시에 내부로부터 우리의 마음을 발현하는 일이다. '마음의 중층구조'라는 관점에서, 교과를 배운 최종 상태는 온갖 훌륭한 것의 원천인 형이상학적 마음(또는 실재)으로 파악되어야 한다. 그리고 그 형이상학적 마음(또는 실재)은 다른 것이 아닌 바로 교과를 가르치고 배우는 과정에서 확립된다. 교과교육의 목적은 심성함양, 즉 형이상학적 마음을 추구하는 것이며, 교과를 배우는 것은 표면에서 개념 분화를 이루어 가는 과정이지만 그 이면에서 무구분의 형이상학적 마음에 다가가는 과정이다.

III. 심성함양으로서 수학교육

수학은 교육의 역사 속에서 주요 교과로서의 전통을 면면히 이어오고 있다. 현대에도 수학의 교육적 필요성은 의심할 여지가 없으나, 수학교육의 가치가 제대로 인식되고 있는지는 의심스럽다. 현대에 들어와 수학적 지식을 아동의 경험과 그들의 삶의 문제와 직접 연결하여 가르쳐야 한다는 주장과 함께, 수학교육의 목적이 생활사태의 문제해결 능력과 관련되어 논의되는 경향이 있다. 20세기에 Dewey의 교육사상을 근거로 생활에 유용한 지식을 교육하려는 관점이 등장한 이후, 문제해결과 응용 가능한 실제적 지식을 교육하려는 노력이 수학교육의 실제를 이끌고 있다고 해도 과언이 아닐 것이다. 수학의 발달 과정에서 응용이 큰 역할을 수행하였고 사회는 그 실제적 중요성 때문에 수학을 수용한다고 보고, 수학의 실제적 응용과 문제해결 지도를 강조하고 있다. 그러나 학교수학에는 생활의 문제를 해결하는 데 도움이 되는 실제적인 지식은 상대적으로 많지 않다.

제 2 장에서 고찰한 바와 같이, '마음의 중층구조'에 비추어 본 교과의 의미는 형이상학적 마음을 추구하는 것, 즉 심성함양에 있다. 마음의 중층구조에 따른 교과에 대한 논의는 형이상학적 마음을 가정함으로써 그동안 충분히 설명하지 못한 심성함양으로서 지식획득 과정의 의미를 설명하였다. 그러나 실천적 행위로서의 교과교육과 관련하여 그 의미를 구체적으로 설명하지는 못하고 있다. 이에 이 장에서는 수학적 지식이 심성함양과 관련하여 지니고 있는 의미에 관한 Platon과 Froebel의 견해를 고찰하면서, 오늘날 수학의 실제적 유용성을 강조하는 교육적 논의에서 간과되고 있는 수학교육의 의미를 재음미하기로 한다.

1. Platon과 수학교육

인간은 고대로부터 오늘날까지 감각 경험의 세계 또는 현실을 넘어서는 불변의 형이상학적 세계 또는 실재를 탐구하였고, 그 결과 종교, 신학, 철학이 탄생하고 발전하였다. 가변적인 감각 경험 세계 이면에 존재하는 불변의 실재를 탐구한 철학자들 가운데 대표적인 사람은 고대 그리스의 Platon이다.

Platon은 존재의 세계는 감각으로 지각 가능한 항상 변화하는 것들의 세계와 변하지 않고 언제나 동일성을 유지하는 것들의 세계로 이루어져 있다고 보았다. 그는 존재의 세계를 둘로 나누어 '위의 세계'를 '이성으로 파악 가능한 사고 대상들의 세계'로 '아래의 세계'를 '감각경험으로 파악 가능한 감각 경험의 대상의 세계'로 보고, 전자를 '가지계(可知界)', 후자는 '가시계(可視界)'라고 지칭하였다.

이데아(Idea)는 육안으로 볼 수 없고 이성으로만 볼 수 있는 대상을 지칭하기 위해 Platon이 사용한 표현이다. 이데아는 논리적으로 시간적으로 사물에 선재하며, 사물의 현재의 모습을 가능하게 하는 존재 근거이다. 이데아는 시간과 공간을 초월한 불멸의 실체로서 객관적이고 관념적인 실재성을 가진다. 가시계의 어떠한 대상도 이데아를 완전히 구현하지 못하며, 이데아는 인간의 정신 속에 보다 완전한 형태로 들어 있다.

가시계와 가지계는 각각 철학자와 상식인의 정신작용에 의해 파악되는 세계를 가리킨다고 할 수 있다. 상식인들은 아름다운 소리, 아름다운 색깔과 형체 등 개별적인 사물로 표현된 아름다움, 즉 '아름다운 것들'을 사랑하며, 철학자는 개별적인 '아름다운 것들'이 아닌 아름다움 그 자체, 즉 '아름다움의 형식'을 사랑한다. 개별적인 '아름다운 것들'은 '아름다움의 형식'의 모상이며, 그것들이 아름다운 것은 '아름다움의 형식'이라는 원형을 본땄기 때문이다(이홍우, 1994, p.260).

가지계는 가시계를 보기 전에 먼저 알 수 있는 것이 아니지만, 가시계를 어떤 방식으로든 초월한 사람에게 파악되는 세계이다. Platon은 '선분의 비유'에서 가지계와 가시계를 동일한 선분의 아래 위에 올려놓음으로써 그 두 세계가 동일하지도 상이하지도 않다는 것을 주장한다.[9] 선분의 비유는 우리가 무엇인가를 안다고 할 때 마음속에 가지고 있다고 생각하는 것(일반적으로 지식)과 그것에 상응하는 우리의 정신 상태를 위계로 체계화한 것이라고 할 수 있다. 한마디로 선분이 비유적으로 나타내는 것은 '우리의 마음'이다(이홍우, 1994, p.267). 선분의 각 단계는 우리의 마음이 지향해야 할 방향을 드러낸다고 볼 수 있다.

가시계에는 일반인이 인식할 수 있고 이해 가능한 모든 개별적인 사물과 현상이 있으며, 가시계에 속하지 않는 개별적인 사물은 존재하지 않는다. 마찬가지로 가지계에는 개별적인 사물의 형식 전체가 모두 들어 있으며 그것에 속하지 않는 형식은 존재하지 않는다. 가지계는 가시계를 원천으로 하여 가시계의 수준에서 드러나지 않는 형식을 드러내어 준다.

이데아가 감각 경험의 영역에 속하지 않는다고 하여, 사물에 대한 감각 경험이 이데아의 인식에 아무 도움이 되지 않는 것은 아니다. Platon은 가시계의 대상에 대한 감각 경험을 가지계의 인식으로 나아가는 디딤돌로 받아들이고 있다. 가시계의 존재에 대한 지각이 가지계의 인식에 도움이 되는 것으로 보는 것에서도, 가지계와 가시계는 완전히 유리되어 있는 것이 아니라는 생각을 읽을 수 있다.

「국가론」의 '동굴의 비유'는 철학자-군주가 받는 교육의 성격을 설명하는 것일 뿐 아니라, '가지계'와 '가시계'의 차이 및 양자의 올바른 관련에 대한 설명이기도 하다. 철학자-군주가 받는 교육은 바로 두 세계의 올바른 관련을 보장하는 데 그 목적이 있다. 선분이 인간의 정신 작용과 그 대상 전체를 나타낸다면 동굴은 지식의 획득 과정을 중심으로 한 우리의 삶 전체를 나타낸다(이홍우, 1994, p.272). 선분의 비유가 우리의 정신 상태에 대한 위계를 무시간적 차원에서 요약한 것이라면 동굴의 비유는 시간 계열로 늘어놓은 것이다.

---

9) 선분의 비유에 와서 두 개의 병렬적인 세계는 하나의 선분 위에 아래 위로 얹혀 있다. 이와 같이 가지계와 가시계를 동일한 선분 위에 올려 놓고 생각할 때에는 양자를 병렬로 놓고 생각할 때에 비하여 그 사이의 연속성 또는 동일성이 두드러지게 드러난다.
비록 동일한 선분 위에 있다고는 하지만 선분의 아래 윗칸이 다른 만큼 두 세계는 엄연히 구분된다. 결국 선분의 비유는 태양의 비유에서 구분한 가지계와 가시계를 동일한 선분의 아래 위에 올려 놓음으로써 그 두 세계의 동일성과 이질성을 동시에 주장한다고 말할 수 있다(이홍우, 1994, p.263).

동굴의 비유에서 상식인의 의견과 철학자의 지식, 그리고 그 각각에 의하여 파악되는 대상인 가시계와 가지계는 동굴의 '안'과 '밖'이라는 별도의 공간으로 표현되고 있다. 그 비유에 입각하여 철학자-군주의 과업을 규정한다면 그것은 상식에 지배되는 동굴 안의 삶이 동굴 바깥의 실재의 세계가 보여 주는 절대적인 기준에 접근할 수 있도록 삶의 규칙을 마련하고 시행하는 일이라고 말할 수 있다. 절대적 기준으로서의 실재가 상식인의 삶과는 완전히 무관하게 삶 바깥에 별도로 존재하는 것이라면, 우리의 삶을 이끄는 절대적인 기준이 된다든가, 우리의 삶이 그쪽을 지향해 나아가야 한다는 것은 받아들이기 어려울 것이다. 만약 Platon이 주장하는 철학자-군주의 이상이 상식적 이해의 가치를 완전히 부정하고 모든 상식인으로 하여금 상식적 이해를 버리고 철학적 지식을 추구하도록 강요하는 것이라면 그 삶의 기준은 상식적 이해를 적용하면서 상식인으로 살아 갈 수밖에 없는 우리 자신과는 완전히 무관한 것이 되고 만다.

철학자가 추구하는 실재의 세계는 시간적 차원을 초월하여 존재하는, 또는 무시간적 차원에서 파악되는 세계임에 비하여, 군주가 통치하는 실제의 세계는 시간 계열에 지배되는, 따라서 시간적 차원에서 파악되는 세계이다. 철학이라든가 정치라는 용어로 지칭되는 것은 각각 그 상이한 차원의 세계를 대상으로 하여 각각 상이한 관심과 목적을 추구하는 인간 행위의 상이한 양상을 가리킨다(차미란, 1997, p.163).

분명히 우리의 삶에는 동굴의 '안'과 '밖'에 해당하는 별도의 공간이 있는 것이 아니다. 철학자든 상식인이든 누구나 다른 별도의 세계가 아니라 '총체로서의 삶'이라는 동일한 세계 안에서 살고 신이 아닌 인간으로서 어느 누구도 그 세계 바깥으로 나간다는 것은 불가능하다. 인간으로서 우리는 상식적 이해를 필요로 하는 실제적 삶에서 완전히 벗어날 수 없으며 그 점에서 우리 모두는 동굴에 갇힌 죄수들의 상태에 머물러 있다. 그러나 또한 인간으로서 우리는 그런 상식적 이해를 활용하면서 살 뿐만 아니라, 비록 정도의 차이는 있지만, 철학이라는 용어로 대표되는 여러 이론적 지식을 배우고 그 지식이 드러내는 세계의 참모습을 이해하면서 살아간다. 그런 지식을 배움으로써 상식적 이해에 의하여 파악되는 외양의 세계에 머물지 않고 그 제약에서 해방되어 세계의 참모습으로 가지계를 어느 정도 이해할 수 있게 된다.

물론, 우리가 배우는 지식이 보여 주는 것은 가지계 그 자체가 아니라 우리의 지력에 의하여 파악되는 가지계의 양상이며, 그것은 불완전한 '좋은 것의 형식'의 모사일지는 모르지만, 그렇다고 하여 '좋은 것의 형식' 그 자체와 완전히 다른 것은 아니다. 우리가 '좋은 것의 형식' 그 자체를 상상하고 거기에 가까이 가려고 하는 것은 그런 지식을 배웠기 때문이며 그 지식이 드러내는 세계의 참모습을 이해하려고 하는 한, 우리는 누구나 해방된 죄수로서의 철학자이다(차미란, 1997, p.168). 교육을 통해 누구나 한편으로는 상식적 식견을 활용하면서 실제적 삶을 살아가고, 다른 한편으로는 '좋은 것의 형식' 또는 '가지계'에 관한 이론적 이해를 추구하면서 살아가는 것이다. 철학이 '좋은 것의 형식'을 추구하고 그것이 우리에게 삶의 기준을 제시해 준다고 할 때, 철학이 하는 일은 우리의 삶 바깥에서 주어지는 외적 기준을 강요하는 것이 아니라, 실제적 삶의 이면에 들어 있는 삶의 형식을 순수한 형태로 드러내어 주는 것이다.

철학자-군주의 아이디어와 동굴의 비유를 통하여, Platon은 총체로서의 삶은 각각 동굴 밖의 세계와 동굴 안의 세계에 비유되는 두 가지 차원의 세계 중에서 어느 하나의 세계만으로는 성립될 수 없다는 것과 교육받은 사람이 추구하는 삶의 이상은 동굴 안의 실제적 삶이 동굴 바깥의 실재에 접근하도록 하는 데에 있다는 것을 보여준다. 철학자는 시간적 차원의 삶을 통하여 실현되는 삶의 기준이 어떤 것인지를 보여주며, 군주는 그 삶의 기준이 실현될 수 있도록 삶의 과정을 이끄는 데 그 목적이 있다. 우리의 삶은 두 가지 차원 중 어느 하나의 차원만으로 성립할 수 없으며, 교육은 그 두 가지 차원을 특정한 방식으로 결합함으로써 삶의 기준이 세대를 통하여 영속되도록 보장해 준다(차미란, 1997, pp.171-173).

한편, Platon의 '선분의 비유'에서 선분은 우리의 마음을 나타내며, 선분의 여러 분절[10]은 마음을 분석적으로 파악하기 위한 것으로 볼 수 있다. 우리의 마음은 공간적인 위치를 차지하는 것도 아니고 심지어 선분으로 되어 있다든가 그 선분에서 환각, 상식, 추론, 변증술이라는 정신 작용이 상이한 분절로 분할되어 있는 것은 더욱 아니다. 선분을 상이한 분절로 표시하는 것은 마음의 상이한 지

10) 선분의 비유에서 선분의 분절은 다음과 같다.

향성을 드러내기 위한 것이다. 궁극적으로 이 지향성은 추론이 따르는 지향성이며 상식과 변증술적 인식은 그 지향성의 두 가지 상반된 방향을 지시한다. 선분은 지식과 정신 상태 전체를 나타낸다. 상식으로 지칭되는 분절은 상식 중 어느 특정한 항목이나 부분을 나타내는 것이 아니라 상식 전체(즉, 가시계 전체)를 나타내며 추론이나 변증술적 인식도 마찬가지이다. 추론이 상식을 출발점으로 하여 그 의미를 드러내는 것(상식의 형식)이라면, 추론에는 모든 가시계가 고스란히 들어있다고 보아야 한다(이홍우, 1994, p.267).

기하나 산술을 공부하는 사람들은 가시적인 물체를 다루고 그것에 관해 설명하지만, 실지로 그들이 관심을 가지는 것은 그 물체가 모사하고 있는 원형이다. 추론이 대상으로 하는 원 그 자체, 삼각형 그 자체는 감각이나 육안으로 파악되는 것이 아니라 이성이나 심안으로만 파악되며 그렇기 때문에 추론은 감각에 의해 파악되는 그림자를 예시로 활용할 수 밖에 없다. 추론은 감각에 의해 파악되는 가시계를 주어진 것으로 받아들이고 그것을 출발점으로 삼아 그것으로부터 자신이 찾고자 하는 결론을 이끌어 내는 것이다.

Platon에 따르면 수학이 다루는 대상은 눈에 보이지 않는 대상이다. 눈에 보이지 않는 대상을 연구할 때, 수학자들은 그 대상을 불완전하게 구현하고 있는 모상을 사용한다. 모상은 수학의 대상을 완전하게 구현할 수 없기 때문에 감각으로 인한 혼란, 곧 '어떤 대립되는 것이 동시에 보이게 하는 일들'을 일으킨다. 눈에 보이는 대로 받아들이는 것은 '선분의 비유'에서 말한다면 '추론' 아래의 '상식'에 해당한다. 선분의 비유에서 수학적 사유가 해당되는 '추론'은 맨 아래의 허상이라는 그림자에 대해서는 실물이 되는 '상식'을 그림자로 삼는다. 감각 자료에 기초한 추측은 수학적 활동의 시초로 볼 수 있으나, 수학적 사유 그 자체는 아니다.

가지계	이데아	변증술적 인식
	수학적 대상	추론적 사고(추론)
가시계	실물	신념(상식)
	허상	억측(환각)

Platon은 「국가론」에서 변증술적 사고와 추론에 해당하는 수학적 사고를 다음과 같이 비교한다. 첫째로 수학적 사고는 가시계에 속하는 대상의 도움을 필요로 하지만, 그것이 모상임을 알고 사용한다는 점에서 의견보다 더 높은 수준의 인식이다. 수학적 사고는 감각적 보조물을 사용하면서 그 사물이 상징하는 것을 이끌어내기 때문에 가시계에서 가지계로 올라가는 다리가 된다. 둘째로, 수학은 어떤 전제를 설정해 놓고 이 전제로부터 논리적 추론에 의해 결론 쪽으로 내려간다. 그런데 이 결론이 참임을 주장하려면 전제의 타당성을 설명해야 한다. 이 전제에 대한 설명을 취급하는 것은 변증술적 사고 수준에서 이루어진다.

Platon은 모종의 질적 차이에 의해 구분되는 '더 순수한 지식'과 '덜 순수한 지식'이 있다고 하면서 수학을 두 종류로 구분한다. 산술을 예로 들면, 더 순수한 지식으로서 철학자의 산술과 덜 순수한 지식으로서 상식인의 산술이 있다. 철학자의 산술과 일반인의 산술의 차이는 그것이 무엇을 '대상'으로 하고 있는가에 있다. 철학자의 산술은 본질상 위층에 속하는 이데아적 존재를 대상으로 하지만 일반인의 산술은 아래층에 속하는 실제적인 존재를 대상으로 한다. 일반인의 수학이 실세계의 구체적 사물을 그 대상으로 하고 또 실제적인 실용성을 지향하는 것인데 비해, 철학자의 수학은 실세계의 구체적 사물을 대상으로 하지 않으며 일상세계에의 실용성을 일차적 관심으로 하지 않는다.

Platon은 이와 같은 철학자의 수학이 생성으로부터 실재로 영혼을 이끌어 가는 데 유용하다고 생각하였다. Platon은 「국가론」에서 산술과 기하학이 영혼을 생성에서 존재로 이끌어가는 데에도 적합한 것이라고 하면서, 수학을 중심으로 한 철학자-군주 양성 교육과정을 제시하고 있다. 「국가론」에서 Platon이 계획한 철학자-군주 양성 교육과정은 인간을 생성과 소멸의 세계의 속박에서 벗어나게 하여 이데아의 세계로 전향하게 하고, 이데아의 세계가 눈에 보이는 사물의 세계보다 더 참된 세계라는 믿음에 기초한 '삶의 형식'을 가지고 살게 하려는 과정이라고 말할 수 있다.

Platon이 보기에, 수학은 추론을 통해 가시적인 대상의 이면에 있는 이데아의 세계를 탐구하는 학문으로, 가시계의 인간을 가지계로 이끄는 역할을 한다. 수학적 지식은 우리의 경험과 관련하여 알게 되는 지식인 동시에 우리의 감각 경험을 초월한 지식이기도 하다. 수학은 이데아의 세계에 대한 이해의 단서를 제공한다는 점에서 심성함양의 가치를 가진다. 다시 말해 수학적 지식은 인간으로 하여금 가지계를 이해하게 하여 형이상학적 마음을 회복하는 마음의 변화를 가능하게 하는 것이다.

2. Froebel과 인간교육으로서의 수학교육

Froebel은 Pestalozzi, Herbert와 함께 19세기를 대표하는 3대 교육사상가로 평가되고 있다. Froebel은 유치원의 창설자로 널리 알려져 있지만, 그의 교육사상은 인간의 올바른 궁극적 성장에 관한 것이다. 그는 인간다운 인간의 형성이라는 교육의 본연의 문제를 체계적으로 탐구하였고, 그와 관련하여 수학교육의 의미와 가치를 설득력 있게 전개한 교육사상가였다.

Froebel은 자신의 교육이론을 가장 집약적으로 보여주는 「인간교육」에서 자신의 교육이론을 인간의 형성이라는 구체적인 문제로 풀어 교육적 삶의 과정으로 기술하고 있다. 신적 정신, 합일, 자연성, 은물, 교과, 안과 밖 등과 같은 개념은 그의 교육이론의 주축을 이루는 중심개념이며, 이러한 개념을 통하여 교육의 온전한 모습을 보여 주고자 하였다. 특히 Froebel은 지식의 획득과 관련하여 '신적 정신'[11]이라는 개념을 도입하고 이 개념을 통하여 교육의 근본을 드러내고자 하였다.

Froebel의 교육사상의 핵심은 '신적 정신의 발현'이라 할 수 있다. 인간의 이면에 신적 정신이 깃들어 있으며, 이러한 신적 정신을 발현하도록 하는 것이 교육이라는 것이다. Froebel은 만물을 지배하는 영원한 법칙인 신적 정신을 전제로 하여 신, 인간, 자연의 관계를 설명한다. 「인간교육」의 첫 문장에서 '만물에는 영원한 법칙이 깃들어 있으며 이 법칙은 만물을 움직이고 작용하며 지배하고 있다'(Froebel, 1900, p.1)[12]고 선언하고, 이러한 모든 법칙의 이면에는 모든 것을

---

11) göttliche Geist, 이 책에서 사용되는 Freobel의 주요 용어는 정혜진(2004)의 용어를 따른다.

12) 이 책에서는 Hailmain이 번역한 Froebel의 「The Education of Man」과 서석남(역)의 「인간교육」을 같이 참조하였으며, 본문에 제시된 인용페이지는 Hailmain의 페이지를 나타낸다.

움직이고 스스로 분명하고 생명력이 있으며 자신에 대해 분명하게 알고 있는 영원히 존재하는 통일자 곧 신이 있다고 주장한다. 자연과 인간의 이면에는 모두 신적인 것이 자리 잡고 있으며 이것은 Froebel의 교육사상의 기초가 된다(한대희, 2000, p.58).

Froebel이 보기에, 인간은 신적인 것을 타고 나며, 그것이 자연스럽게 발현되도록 교육이 이루어져야 한다. Froebel은 씨앗 속에 장차 잎과 꽃과 줄기가 될 것이 모두 들어 있듯이 인간의 마음속에 이미 신적인 것이 내재되어 있다고 보고 있다. 따라서 인간은 보편적이고 영원한 법칙인 신적 통일의 법칙에 접근, 합치되도록 노력하는 존재가 된다. 태어나면서부터 지니고 있는 자기 활동적 본성은 외부로 표현할 수 있는 여건만 조성된다면 명료화될 수 있고, 이러한 사명을 이룩하려고 애쓰는 것이 교육이다(고후순, 1995, p.33).

Froebel이 말하는 인간교육은 스스로 사유하고 인식하는 본질로서의 인간을 지도하여 그 내적인 법칙, 즉 신적 정신을 의식적으로 그리고 자발적으로 순수하고 완전하게 묘사하고, 그것을 획득하는 수단과 방법을 이끌어내는 것이다. 신적 정신의 발현 과정은 인간의 성장 과정이며 마음의 발달과정이라고 할 수 있다. Froebel에게 있어서 신적 정신의 발현과 관련하여 지식의 성격 문제는 교육의 사태에서 매우 중요하다고 할 수 있다.

Froebel에게 있어서 '신'은 만물의 원천이며, 신이 사실적으로 표현된 것이 각 개별자이다. Froebel은 '우리는 외적 표현물을 통해서 외적 표현물 속에서 신을 인식할 수밖에 없다'고 한다(Froebel, 1900, p.2, p.5, 정혜진, 2004, 재인용). 우리의 눈앞에 당장 확인 가능한 형태로 주어진 것은 개개의 사물과 현상들, 즉 외적 표현물이라고 할 수 있다. 신은 그 외적 표현물들로부터 논리적으로 추론되는 것이다. 우리가 신의 존재를 알 수 있는 것은 그것의 외적 표현물이 있기 때문이다. 이처럼 신은 만물로부터 추론되는 만물의 논리적 가정에 해당하는 것임에도 불구하고, Froebel이 신을 만물의 원천이라고 말함으로써 시간상 이전의 의미를 강하게 부여하는 것은 만물에는 그것에 논리적으로 앞서는 '논리적 원인'이라는 것이 있다는 점 그리고 만물은 그 논리적 원인의 '사실적 표현'이라는 점을 말하기 위해서이다(정혜진, 2004, p.41).

이러한 의미로 신을 해석할 때 '합일'의 의미가 비로소 분명해진다. 신의 존재로 말미암아 만물은 서로 떨어져서 존재하는 각 개별자들의 집합체가 아니라 모두 서로 연결되어 있는 총체(總體)가 된다. 각 개별자들이 신으로 말미암아 남김없이 모두 서로 연결되어 있는 상태, 이것이 '합일'이며 이 합일은 총체라는 점에서 '하나(一者)'이다. Froebel이 말하는 합일은 신과 만물이 '개념상으로만 구분될 뿐 사실상으로 구분되지 않는 상태'를 의미한다(정혜진, 2004, p.42).

Froebel에 의하면 개별자는 신의 '외적 표현물'이며, 우리는 그 외적 표현물들을 통해서 신을 추론해 볼 수밖에 없다(정혜진, 2004, p.52). 신은 그 자체로 파악될 수 있는 것이 아니라 반드시 그것이 드러나는 외적 표현물에 의해서 인식된다. Froebel의 '삼자합일(triunity)'은 개별자가 드러내는 삼중의 표현, 바로 '신의 삼중의 표현(threefold manifestation)'[13]을 의미한다. Froebel이 말하는 단일성, 개별성, 다양성의 개념은 신은 그 자체로 표현되는 것이 아니라 반드시 개별자를 통해서 삼중의 방식으로 표현된다는 신의 세 가지 표현 양상을 가리키는 개념이다(1900, p.20, pp.150-151, 정혜진, 2004, p.53 재인용). 신적 정신을 실현한다는 것은 이 신의 세 가지 표현 양상, 즉 단일성, 개별성, 다양성을 실현한다는 것을 의미하며, 이 세 가지의 양상을 통하지 않고는 신적 정신을 실현할 수 없다.

Froebel에 따르면, 개별자의 본성 속에 표현되어 있는 신적 정신을 실현하는 경로는 세부적 지식이다.

> 인간을 둘러싸고 있는 총체로서의 외부세계는 그 자체로는 인간에게 알려지지 않는다. 인간은 각 사물의 고유한 본성, 즉 각 사물의 독립성과 개별성에 관한 지식을 통해서만 오직 총체를 발견할 수 있다'(1900, p.91, 정혜진, 2004, p.53 재인용)

13) Froebel에 의하면, '각 개별적 존재는 단일성, 개별성, 다양성 속에서, 즉 어느 것 하나도 없어서는 안 되는 삼중의 방식으로 자신의 존재를 드러낼 때 비로소 완성된 모습으로 나타난다'(인간 교육, §69, p.170; 정혜진, 2004, p.51 재인용)

Froebel은 교육을 통한 신적 정신의 발현에 있어서 외부세계의 역할을 중요시하였다. 외부세계에 대한 '지식'을 통해서 우리는 신이 자신의 존재를 반드시 삼중의 방식으로 계시한다는 점을 알게 된다. 신의 세 가지 표현양상을 가리키는 삼자는, 신 그 자체는 어떠한 양상도 가질 수 없기 때문에, 인간 정신의 세 측면을 가리킨다는 점에서 지식의 세 측면을 의미하는 것으로 볼 수 있다. '단일성(unity)'은 인간이 인간 내면에 있는 신과 맺는 관계를 가리키며, '개별성(indivisuality)'은 신이 개별적 인간 안에 독특한 방식으로 표현되어 있다는 점을 가리킨다. '다양성(diversity)'은 그 개별성이 여러 가지의 것이라는 점을 가리킨다(정혜진, 2004, p.55). 개별적 사물은 신적 정신을 드러낸다는 점에서 단일성을 표현하고, 신적 정신을 각각의 특유의 방식으로 드러낸다는 점에서 개별성을 표현한다. 그리고 개별성은 외부세계와의 다양한 관련을 드러내고 있다는 점에서 다양성을 표현한다. 단일성은 개별성으로 표현되고 개별성은 다양성을 함의한다.

Froebel은 「인간교육」에서 학교에서 가르치는 지식을 크게 신에 관한 지식, 인간에 관한 지식, 자연에 과한 지식으로 나눈다. 그 각각은 종교, 언어, 자연과학과 수학이라는 형태의 교육 내용으로 구체화된다. 자연과학과 수학은 인간이 자연과 맺는 관계를 '개별성'에 기초하여 파악하는 지식이다.[14] 그러나 정혜진(2004)에 따르면, 단일성, 개별성, 다양성이 서로 분리될 수 없는 인간 정신의 세 측면이라고 할 때, 그 각각의 교육내용은 단일성을 거점으로 개별성과 다양성을 드러내며 개별성을 거점으로 단일성과 다양성을 드러내며 다양성을 거점으로 단일성과 개별성을 드러낸다고 보아야 한다.

Froebel이 세부적 지식에 신적 정신이 반영되어 있다고 말하는 것은 인간이 실현해야 하는 신적 정신이 무엇인지를 보여주기 위해서이다. 신의 삼중적 표현양상에 대한 인식의 결과로서 삼중적 지식을 통해 학생의 마음속에 있는 신적 정신을 실현해야 한다는 것이다(Froebel, 1900, p.138). 인간의 마음에 신적 정신이 실현되어 있음을 자각하는 것이 신적 정신을 실현하는 것이다. 마음 속에 있는 신적 정신을 실현하는 일은 바로 세 가지 표현양식을 갖는 '지식'을 통해서

14) 종교는 신과 인간이 맺는 관계를 '단일성'에 기초하여 파악하는 지식이며, 언어는 인간이 인간과 맺는 관계를 '다양성'에 기초하여 파악하는 지식이다(Froebel, 1900, p.208)

가능하다. Froebel은 지식을 여러 종류로 나누었지만, 신의 삼중적 표현양상이라는 점에서 성격상 이 모두는 동일하다. 따라서 어느 하나도 빠짐없이 모두 수업에서 취급되어야 한다(Body, 1996, p.534).

신적 정신은 '인식의 논리적 원인'일 뿐만 아니라 인간이 추구해야 할 '교육의 목적'이다. 삼자합일의 개념은 이 목적이 교육내용으로서의 세부적 지식에 반영되어 있음을 보여준다. Froebel이 삼자합일의 개념을 통하여 말하고자 한 것은 지식을 도구적 수단으로 삼아 달성해야 할 목표가 아니라, 지식의 형이상학적 근거였다. 세부적 지식에 신적 정신이 표현되어 있다는 점을 인정하지 않는다면 학교에서 가르치고 배우는 지식에 대해서 우리가 할 수 있는 설명은 습득해야 할 잡다한 외면적 사실을 나열하는 수준에 그치거나 기껏해야 그것이 어디에 쓰이는가에 골몰한 용도에 입각한 설명에서 한 발짝도 나갈 수가 없다(정혜진, 2004, pp.57–58).

Froebel에게 있어서, 지식의 획득은 일차적으로 인간을 포함한 개개의 사물과 현상에 관한 세부적 지식을 획득하는 것이며, 나아가 그 세부적 지식을 통하여 개개의 사물이나 현상이 '내적 법칙의 외적 표현'이라는 인식에까지 이르는 것을 의미한다. 우리가 획득하게 되는 세부 지식을 통하여 추구해야 하는 지식은 내적 법칙 또는 Froebel의 다른 용어로 신적 정신에 관한 지식이다(정혜진, 2004, p.4). 신적 정신은 세부적 지식을 통하여 실현된다는 것, 즉 개개의 사물과 현상이 신적 정신의 외적 표현임을 인식하는 일은 세부적 지식을 떠나서 그것과 별도로 이루어질 수 없다.

Froebel에게 있어서 심성 함양은 바로 자기 마음 속에 '신적 정신'을 일깨우는 일이며 이 일은 아주 어린 나이에서부터 이루어져야 한다. 이러한 맥락에서 Froebel은 은물을 통해 아동에게 통일의 개념을 제공하고자 하였다. 은물은 '신적 정신'을 일깨우기 위한 개념적 도구이다. Froebel은 감각적 관찰에 의해서 형성된 즉각적인 지식보다 은물의 형식적 성질에 의해 제시된 상징적 지식에 관심이 있었다. Froebel은 상징물을 통해 새로운 세계를 접할 수 있다고 생각하였다. 예컨대 '선'은 개천, 철도, 길에서 추상된 상징적 도구이다. 추상된 선에서는 실지로 우리 눈에 보이는 개천, 철도, 길 등이 가지는 감각적 요소가 많이 배제된다. 선과 선 사이의 관계를 지각하고 표현하는 것은 아이에게 감각적 세계와는 다른 개념의 세계를 다양한 방향에서 열어준다. '수'와 '형태'에 대해서도 마찬가지 말을 할 수 있다(Froebel, 1900, p. 76). 처음에 사물과 결합되어 의미를 가지던 '수'와 '형태'는 점차 사물에서 벗어나서 그 자체의 다양한 조합과 배열에 의존하여 규칙성과 관계성을 표현하게 된다. 이러한 '선'과 '수'와 '형태'의 조합으로 만들어진 것이 은물이다(정혜진, 2004, p.66).

은물에 신적 정신이 표현되어 있다는 점을 부정한다면 은물은 더 이상 은물이 아닌 단순한 놀이감에 불과하게 된다. 학교 교과의 경우도 마찬가지이다. 교과에 신적 정신이 표현되어 있다는 점을 부정한다면 학교에서 가르치고 배우는 교과는 무엇의 표현인지 불분명하게 되며 욕구충족의 수단 이상의 의미를 갖지 못하게 된다.

Froebel은 아동기의 교육을 '안에서 밖으로의 교육'으로 소년기의 교육을 '밖에서 안으로의 교육'으로 규정한다(Body, 1996, pp.532-533). 아동기에는 '자발적으로 획득된 직접 경험, 즉 직관을 통하여 물질세계와 정신세계에 접하며, 그 다음에 이 외부 세계의 사물에 반응하면서 자신의 본성을 합치되도록 그것을 조형'한다. 아동기에서 소년기로 접어든 아동은 획득해야 할 지식과 이해의 범위가 넓어진 만큼 언어적 체계로 이루어진 교과를 배우게 되는데, 그 주요 교과의 하나가 수학이다.

현재의 청년기에 해당되는 소년기 교육에서 감정은 사고로, 놀이는 수업으로 대치된다. 교육의 주된 일은 삶의 사실을 이해하여 밖의 것을 안의 것으로 만들게 하는 것이다. 수업의 내용은 신의 삼중적 표현양식에 근거하는데, 특히 수학은 인간의 마음과 자연 세계를 연결하는 고리로서 매우 중요하다. 마음과 수학은 마치 영혼과 종교와 마찬가지로 불가분의 관계를 맺고 있다(Froebel, 1900, p.208). Froebel은 「인간교육」에서 다음과 같이 수학의 가치에 대해 말하고 있다.

> 수학이 저 높은 지위를 손에 넣었을 뿐만이 아니라 그것을 유지하고 갱신하여 온 것은 대체 무엇에 의해서일까? 수학의 본질은 그 경력과 작용으로 보아 대체 어떤 것인가? 수학은 안에 있는 세계와 바깥에 있는 세계의 출현으로서의 인간

> 과 자연에 모두 속하고 있다. 수학은 순수한 정신과 그것에 의해 생겨난 순수한 사유의 법칙과 사유 자체의 눈에 보이는 표현이다. 수학은 여러 가지 현상과 여러 가지 결합, 그리고 이러한 사유의 법칙에서 논리적으로 추론되는 형식에서 발견되며, 다시 독자적으로 확립된 바깥의 세계 속에서도 발견된다. 이리하여 인간은 다양한 형식과 형태를 보여주는 자연을 혹은 인간 밖에서 인간에는 의존하지 않고 자연이라는 밖의 세계 속에서 형성되는 것을 자기의 내면에 있어서 자기의 정신 속에서 자기의 정신과 사유의 정신 속에서 자신의 정신과 사유의 법칙 속에서 또 다시 발견하는 것이다. 이리하여 수학은 인간과 자연을, 안과 밖의 세계를, 사유와 지각을 결부하는 것으로서 그것을 매개하는 것으로서 나타나는 것이다. 이 위대한 직무야말로, 내적인 세계와 내적인 세계가 제약을 주는 것과 그것을 받는 것이 존립하는 한 계속되는 이 위대한 직무야말로 수천 년전부터, 인류 자체의 발생이라고 해도 좋을 그 옛날부터 수학의 높은 지위를 보장하여 온 것이다(Froebel, 1900, pp.204-205).

Froebel이 보기에 수학은 '안과 밖의 세계를 이어주는 것'이었다. '안의 세계와 관련된 수학'은 순수한 정신, 사유의 법칙 또는 그것을 눈에 보이는 형태로 표현한다. '밖의 세계와 관련된 수학'은 인간의 정신과 무관하게 자연 속에 존재하는 자연의 법칙에서 비롯된 것으로, 자연과학과 관련된 수학을 의미한다. 수학이 안과 밖의 세계를 연결시켜 준다는 것은 순수한 인간의 정신으로서의 수학 곧 경험을 초월한 선험적인 수학이 자연의 질서 혹은 법칙과 일치한다는 것이다. 순수한 논리 체계로서의 수학과 자연의 질서를 설명하는 수학은 하나의 수학의 두 측면이다(한대희, 2000, p.63).

수학은 인간이 자신의 정신을 자각하고 안과 밖의 세계를 통합하는 영원한 법칙을 인식하게 하는 역할을 한다. Froebel은 자연의 모든 다양성의 내적 관계성을 인식하는데 의심할 여지없이 확실하고 통일적인 출발점을 줄 수 있는 것으로 수학 이상의 것이 없다고 하였다(박덕주, 1991, p.246). 인간은 불완전한 존재로 태어나 영원의 법칙을 자각함으로써 자신의 이면에 있는 신적 정신을 발현하게 된다. 수학은 인간과 자연에 깃들여 있는 신적 정신으로 말미암아 인간의 정신과 자연의 질서를 이어주며, 수학을 통해 인간은 통일의 법칙을 자각하게 되는 것이다.

> 이러한 자연과 인간의 동일한 법칙성이 있기 때문에 자연의 법칙을 그 형식과 형태에서 특히 외적인 것으로 된, 즉 형태화된 인간 사유의 법칙, 즉 수학의 법칙을 통하여, 인식하는 것이 가능하다. 그렇기 때문에 수학은 매개자요 통일자이며, 인식을 낳게 하는 것이다. 수학은 생명이 없고, 따로따로 그리고 우연적으로 발견된 진리와 분리된 형식의 단순한 모임이 아니다. 수학은 끊임없이 자신으로부터 새롭게 재구성해 나가는 하나의 살아있는 전체이며 … 수학은 생명 자체의 표현이다. 따라서 그 본질은 생명 속에서 탐구되며 생명은 수학의 도움으로 연구될 수 있다(Froebel, 1900, pp.205-206).

Froebel은 수학은 자연 속에서 형태, 형상, 현상과 함께 존재하는 순수한 영혼으로부터 생산되는 형체의 통일성을 해명할 수 있다고 말한다. 수학을 탐구하면서 인간은 외부 세계(자연) 속에 질서가 있다는 것을 알게 되며, 이러한 질서는 외부 세계와 전혀 무관해 보이는 순수한 정신 또는 사유의 법칙으로 표현되는 것을 알게 된다. 이러한 앎을 통해 인간은 신비로움을 느끼고, 그렇게 되는 이유를 생각하게 되며, 인간과 자연에 깃들어 있는 신적 정신을 자각하게 된다. 이러한 자각을 통해 신적인 것을 깨닫게 되고, 신의 존재를 믿으며 신의 뜻에 따라 살아가는 사람이 된다(한대희, 2000, p.65). 수학은 우리를 자연을 통하여 우리 자신에게로, 그 다음 신에게로 인도하는 것이다. 인간 속에 있는 신적 정신을 표현하고 자연 속에서 신을 인식하는 것은 Froebel의 교육 목적 그 자체였으며, 수학교육은 이러한 그의 교육 목적 실현에 매우 중요한 것이었다. Froebel에게 수학은 신을 인식하는, 즉 형이상학적 마음을 자각하는 중요한 교과인 것이다.

3. 수학적 지식과 심성함양

지금까지 수학적 지식과 심성함양의 관련에 관한 Platon과 Froebel의 견해를 고찰하였다. Platon의 선분의 비유에서 가지계와 가시계는 동일한 선분의 아래위를 이룬다. 이것은 마음(또는 세계)이 중층을 이루고 있는 것을 나타낸다고 볼 수 있다. 마음의 중층구조에 비추어 보면, 위층과 아래층은 완전히 동일하지도 상이하지도 않다. 윗부분은 아래 부분이 구현하는 본질을 더 분명하고 순수한 형태로 드러내며, 아래 부분은 윗부분이 드러내는 본질을 표현하고 있다고 할 수 있다. 선분의 윗부분이 아래 부분의 본질을 드러낸다는 것은 곧 윗부분에 의하여 규정되지 않는 한 아래 부분의 의미가 밝혀지지 않는다는 뜻이며, 이점에서 아래 부분은 윗부분에 의존한다고 말할 수 있다(이홍우, 1994, p.264).

수학적 지식은 선분의 분절 중에서 '추론'에 해당된다. 선분의 비유에서 추론은 상식과 변증술적 인식이라는 두 가지 상반된 지향을 보인다. 대부분의 사람들은 정도의 차이는 있지만 추론이라는 용어로 지칭되는 '기하학 그리고 그와 유사한 기술'을 배운다. 다만, 철학자는 그것을 출발로 하여 그 이면에 들어 있는 '좋은 것의 형식'을 동경하고 그 쪽으로 눈을 돌리는 반면에, 상식인은 그것을 '동굴 속의 이익'을 얻는 방향으로 활용한다(이홍우, 1994, p.273). 수학은 한편으로 마음이 가시적인 현상의 세계를 넘어 철학 또는 변증법이 다루는 비가시적 실재의 세계로 나아가는 데 적극적으로 기여할 수 있다. 그러나 다른 한 편으로 실제적인 문제 해결의 도구로 사용됨으로써 우리의 마음이 가시적인 현상의 세계에 더욱 얽매이게 할 수도 있다.

Platon은 「국가론」에서 수학을 변증술을 공부하기 위한 예비교과로 제시하고 있다. 수학이 길러주는 형식적 추론은 변증법이 전제하고 있는 일관된 논리적 사고를 가능하게 한다는 점에서 의의를 지닌다(장성모, 2004, p.6; Nettleship, 1935, p.185). 그러나 수학적 사고가 변증법적 사고로 발전하지 못할 경우, 한편으로 수학은 인간의 마음 자체를 하나의 능력으로 구사할 뿐 그 사고를 가능하게 하는 원천으로서의 마음을 대면하는 일은 불가능한 상태에 머물게 된다. 다른 한편으로 실용적 목적을 추구하는 도구로 활용될 경우 수학은 그 미덕 자체를 잃고 사욕추구의 도구로 전락하거나 퇴행한다(장성모, 2004, p.6). Platon은 수학적 지식에 있어서 상식에 해당되는 유용성을 부정하는 것은 아니지만, 그것이 실생활의 문제를 해결하는 데 유용하기 때문이 아니라 추상적인 사고를 통해 이데아를 파악할 수 있도록 마음을 도야하는 최선의 방법이 된다고 생각했기 때문에 수학을 중요하게 생각하였다. Platon에 따르면 실제적 목적을 위해서는 최소한의 학문으로 충분하며 중요한 것은 제1원리에 도달하는 것이다.

수학적 인식이 공간 속에 주어진 외부 사물의 세계로 향하는 것이 아니라 인간 내면의 세계로 향하고 있다는 점도 중요하다. 물리적 세계에 존재하는 사물은 이데아를 완전히 구현하고 있지 못하며, 이데아는 인간의 정신 속에서 보다 완전한 형태로 경험될 수 있는 것이다. 그러므로 수학적 인식을 통해 이데아를 불완전하게 드러내고 있는 사물이나 세계에 대한 경험을 자극으로 하여 자신의 사고 속에 보다 원형에 가깝게 존재하는 이데아를 발현해 나가게 된다. 이러한 의미에서 수학적 인식의 과정은 자기 사고를 탐구하는 것, 즉 자기 인식의 과정이라 할 수 있다. 마음의 중층구조 관점에서 보면, 외부적 자극, 즉 격물을 통해 자기 마음이 발현되는 것이라고 할 수 있다.

Froebel은 교육을 통해 인간에게 내재된 신적 정신을 발현시키고자 하였다. 개개의 사물과 현상은 신적 정신의 외적 표현으로서 신적 정신은 세부적 지식을 통해 실현된다. 사물이나 현상 속에서 신적 정신을 인식하는 것은 일체의 현상 이면에 모종의 법칙과 질서가 있으며 이로 말미암아 개개의 사물과 현상이 서로 연결되어 있다는 것을 알게 되는 것이다. 정혜진(2004)에 의하면, 우리가 신적 정신을 추구하는 것이 우리의 마음에 신적 정신이 있기 때문이라는 Froebel의 생각은 인간의 경험적 인식에는 초월적인 것이 개입되어 있어 인간의 인식에 영향을 미친다는 Kant의 생각으로부터 오는 것이라 해도 과언이 아니다. Kant가 아프리오리라는 개념을 통해서 보여주었던 철학적 사고를 Froebel은 자신의 교육이론에서 올바른 인간의 형성이라는 구체적인 문제로 풀어서 기술하고 있다고 볼 수 있다. 본체계는 현상계와 떨어져 별도로 있는 것이 아니라 현상계의 이면이며 본체계는 현상계로부터 추론되는 세계라는 Kant의 생각은, 만물은 신의 외적 표현이며 그 외적 표현을 통해서만 신을 인식할 수 있다는 Froebel의 생각과 유사하다.

Froebel에 따르면, 인간은 불완전한 존재로 태어나 수학을 배움으로써 영원의 법칙을 자각하여 자신의 이면에 있는 신적 정신을 발현하게 된다. 수학을 탐구함으로써 자연계 속에 수학적 질서가 있다는 것, 그리고 그러한 질서는 순수한 인간 정신의 사유의 법칙으로 표현된다는 것을 알게 된다. 이러한 앎을 통해 인간은 신비로움을 느끼고, 그것이 가능한 이유를 생각하게 되며, 이러한 인간 정신과 자연의 관련성에 대한 탐구는 인간과 자연에 깃들어 있는 신적 정신을 자각하게 한다. 이러한 자각이 인간으로 하여금 실재를 믿으며 실재에 삶의 기준을 두고 살아가도록 이끄는 것이다.

Platon과 Froebel에 따르면, 이데아 또는 신적 정신과 같은 형이상학적 마음은 교과를 이루고 있는 지식의 논리적 가정으로서 교과를 배우는 사람에게 그것의 존재를 일깨워 주고 그것에 대한 끝없는 동경을 불러일으킨다. 특히 형이상학적 마음을 지향하는 교육에서 수학을 매우 중요하게 생각하였다. Platon과 Froebel은 수학을 통해 철학적 또는 종교적인 깨달음을 얻게 되고, 이를 통해 세상을 보는 눈과 삶을 살아가는 방식에 변화가 일어나게 된다고 보았다. 세상을 보는 눈이 달라지는 것은 자신이 속한 세계가 달라지는 것이며 지금까지 알지 못했던 가치를 느끼게 되는 것이다. 이러한 과정은 수학이라는 지식을 배워서 이상적인 인간이 되는 과정이라고 할 수 있을 것이다.

수학적 지식이 형이상학적 마음을 추구하고 우리에게 삶의 기준을 제시한다고 할 경우, 수학은 우리의 삶의 밖에 주어지는 기준을 강요하는 것이 아니다. 실제적인 삶 속에 들어 있는 형이상학적 마음을 순수한 형태로 드러내어 주는 일을 한다고 할 수 있다.

우리는 현상을 파악하기 위해 수학적 개념을 사용한다. 개념은 형이상학적 마음(또는 실재)의 한 부분을 파악하기 위하여 우리가 사용하는 인식의 수단이지만, 그 개념 또한 형이상학적 마음(또는 실재)에 바탕을 두고 있다. 그렇기 때문에 수학으로 현상을 이해할 때 우리는 형이상학적 마음을 바탕으로 하는 개념으로 형이상학적 마음(또는 실재)을 파악한다. 수학적 지식이 내면화되어 안목이 되고 인격으로 통합될 때, 비로소 수학적 개념으로 형이상학적 마음을 파악하는 것이 된다.

수학적 지식의 내면화 과정은 수학을 공부하면서 경험적 마음이 형이상학적 마음으로 발돋움하는 연속적인 과정이라고 할 수 있다. 또한 인간의 마음 속에 있는 아직 발현되지 않은 형이상학적 마음이 그 원형을 회복해 가는 과정이라고 할 수 있다. 우리의 마음이 형이상학적 마음으로 발돋움하는 순간 우리의 몸과 마음은 그 이전의 경험적인 몸과 마음과는 차원이 다른 몸과 마음이 된다.

Platon과 Froebel은 수학적 지식에는 경험적 마음과 형이상학적 마음이라는 두 차원의 지향성이 있다는 것을 인정하면서도, 형이상학적 마음을 중심으로 수학교육을 이해하였다. 수학교육은 수학적 지식의 이해를 통해 형이상학적 마음을 지향하는 것을 목적으로 한다. Platon과 Froebel에 따르면, 형이상학적 마음의 회복은 수학이라는 교과를 통해 개념의 세계에 입문함으로써 가능하다. 이데아나 신적 정신은 그것의 표현인 개념의 세계에 입문하지 않고서는 인식될 수 없는 것이다. 수학의 개념을 배우는 일은 우리 마음으로부터 형이상학적 마음을 발현시키는 일이다. 수학을 배우는 과정은 형이상학적 마음의 표현인 수학적 지식을 우리 마음에 채우는 과정인 동시에 우리 자신의 형이상학적 마음을 일깨우는 과정이다.

Ⅳ. F. Klein의 수학교육론

앞 장에서 살펴본 바와 같이, Platon과 Froebel은 수학적 지식의 가치와 수학교육의 의미를 형이상학적 마음으로의 지향성에서 찾았다. 13세기경 대학이 발흥한 이후 중세 대학에서 수학은 7자유학과 중 하나로 중요시되었고 유클리드 원론 중심으로 수학교육이 이루어졌다. 16세기 인문주의 시대에도 대학에서는 유클리드 원론의 지도가 이루어졌으나, 17세기 이후 실학사상이 등장하면서 유클리드 원론 중심의 수학교육은 비판을 받기 시작하였다. 18세기와 19세기에 과학과 공업 기술이 발전하면서 문화와 생활 체제에 큰 변화가 생겨났으며, 그에 따라 수학의 실용적 측면의 중요성이 커지게 되었다. 그 결과 학교에서도 실제적인 문제해결 도구가 되는 수학적 지식을 가르쳐야 한다는 주장이 점차 힘을 얻게 되었다.

그러나 동서양을 막론하고 교육의 근본 목적은 여전히 내면적 안목의 변화를 통하여 올바른 인간을 형성하는 데에 있음을 부정하기 어렵다. 수학교육에서 특히 주목해야 할 점은 그동안 적지 않은 비판이 제기되어 왔음에도 불구하고 그리스 시대부터 오늘날까지 이론적 지식 교육의 전통에 충실해 왔다는 점이다. 수학교육에서 변하지 않는 것이 있다면 그것은 실용적 지식을 넘는 실제적인 문제해결과 대체로 무관한 이론적 지식의 교육이 의연히 지속되어 왔다는 점이다(우정호, 2005, p.2). 이러한 교육의 실제를 직시하고 이론적 지식으로서 수학의 교육적 가치에 대해 재음미할 필요가 있다.

이러한 상충되는 수학교육의 지향성과 관련하여 다음에는 20세기 초 수학교육 근대화 운동을 선도하여 현대 수학교육의 기본 바탕을 제시한 F. Klein의 수학교육론을 고찰하고자 한다. Klein은 신인문주의와 과학교육 사상을 융합하면서 수학의 정신도야적 가치를 중시하였다. Klein은 수학의 '형식'을 통한 정신도야와 그것을 바탕으로 하는 '응용' 사이에 균형을 유지하려 하였으며, 시대적 요구와 관련하여 수학교육의 의미를 수학을 '가르치는 사태'와 관련지어 구체적으로 설명하려 하였다.

1절에서는 Klein의 개혁운동이 어떻게 전개되었으며, 그 의의는 무엇인지 고찰할 것이다. 2절에서는 수학교육의 의미에 관한 Klein의 견해를 살펴볼 것이다. 그리고 3절에서는 Klein이 제시한 학교수학의 조직 원리를 고찰하고자 한다.

1. Klein의 수학교육 개혁 운동

20세기에 들어와서도, 독일의 교육은 19세기 신인문주의의 지배하에 있었으며, 전통적인 고전어 및 문학교육이 우위를 차지하고 있었다. 그 결과 시대적 진보와 교육 사이에 괴리가 생기게 되었고 교육 개혁의 요구가 증대되었다. 이 시기에 Klein은 '현대의 사상 및 요구에 적합한 수학'으로 수학교육이 개혁되어야 한다고 주장하면서 개혁 운동을 전개하였다.

Klein은 역사적인 고찰을 통해 수학교육 개혁의 필요성과 방향을 확인하고자 하였다. Klein은 수학교육의 역사를 회고하며, 16세기 인문주의 수학교육, 17세기-18세기 실용주의(계몽주의) 수학교육, 19세기(1890년까지) 신인문주의 수학교육, 1890년 이후 현대의 수학교육의 네 시기로 나누어 역사적 발전을 시술하고, 당대의 수학교육이 어떤 이념에 근거해야 할 것인가를 보이고 있다(小林佐平, 1934, p.205).

Platon 이후 수학은 순수한 인간도야재로서 그리스 교육에서 중요한 위치를 차지해 왔다. 중세 대학에서도 수학은 7 자유교과 중 하나로서 정신의 자유를 위해 중요시 되었다. 16세기 인문주의 시대에도 그 이전 시대와 같이 대학에서 유클리드 원론을 가르쳤다. 당시 독일의 대학에서는, 그리스 고전과 유클리드 원론을 철학과에서 가르쳤고, 기수법, 정수와 분수의 사칙연산, 삼수법과 같은 초보적인 산술을 다루기는 했지만 실용적인 계산법은 거의 다루지 않았다.

인문주의가 주류를 이루고 있던 16세기 중엽부터 상업의 발흥과 더불어 계산학교가 생기는 등 실용주의적인 수학교육이 점점 대두되었다. 16세기 말에 이르러 인문주의 학교교육은 급격하게 발전하는 상공업과 무역업의 요구에 제대로

부응하지 못하였다. 수학과 과학의 새로운 발견에도 적절히 대처하지 못했을 뿐 아니라, 새 시대의 관료나 정치가의 교양교육으로서도 적절한 기능을 수행하지 못하였다. 17세기에서 18세기 전반에 걸쳐 실용주의는 지배적인 경향이 되었으며, 수학 교재도 대부분 응용에 관한 내용으로 구성되었다. 이와 같이 실용적인 측면이 점차 증대됨에 따라, 중등학교 수학은 인간도야적인 측면과 점점 멀어지게 되었다.

18세기 중엽 Halle 대학의 Wolf는 신인문주의 운동을 시작하면서 수학의 실용적 가치가 아닌 형식도야적 가치를 역설하였다. 그는 수학의 여러 응용 분야를 백과전서 식으로 기술하고 일반적인 전이 능력을 중시하여 논리적이고 형식적인 교과서 조직을 시도하였다. 신인문주의에 따르면, 중등학교는 그리스에서 완성된 문화의 전형을 통해 인간의 정신을 개발해야 하며, 고전을 통해 형성되는 교양은 진리에 대한 명석한 감각과 미에 대한 바른 정서를 제공한다. 이러한 신인문주의 사상은 대학 입학의 특권을 독점하게 된 Gymnasium에 받아들여졌다.

19세기 초반 독일의 교육은 신인문주의 사조에 따라 철학적 문학적 경향이 강하였으며 고전 연구를 중시하여 그리스어와 라틴어 교육을 강조하였으나, 19세기 중엽에 이르러 자연과학이 점차 중시되게 되었다. 그러나 이 시기 독일에서는 관료적 정치 체제가 출현하면서 극단적인 통제와 감독 하에 형식적인 교육이 이루어지게 된다. 신인문주의자인 Humbolt는 독일 중등학교의 목적은 일반교양의 함양에 있다고 하면서 철학, 수학, 어학, 역사를 중등학교 교육의 주요 과목으로 삼고, 수학에 더 많은 수업 시간을 할애하였다. 그러나 Humbolt의 개혁안은 여러 사람들의 반발을 불러 일으켰고, 결국 중등학교에서 수학 시간이 줄어들게 되었다.

Humbolt 이후 중등교육을 담당한 프러시아의 L. Wiese는 종교적인 가치를 강화하기 위하여 고전 학문을 더욱 강조하였다. 그는 자연과학이 일반적인 덕성 함양이나 심성 교육과는 무관하다고 주장하였고, 수학은 지성을 훈련하는 데 도움이 되지만 대학에서 가르치는 고등 수학은 중등학교에 적당하지 않다고 생각하였다(Pyenson, 1983, p.13). 1852년에서 1875년까지 Wiese는 Gymnasium 교육과정에서 자연과학을 없애고 수학도 축소하였다. 그러나 1870년과 1880년 사이,

독일 사회 전반에 자연과학과 공업의 중요성이 재인식되면서, Realgymnasium이 급속히 성장하게 되었고 수학의 응용에 대해서도 다시 고려하게 되었다.

19세기 Realgymnasium에서는 전문적인 기술에 필요한 수학이 다루어진 반면, Gymnasium에서는 인문교육으로서 유클리드 원론을 중심으로 하는 형식적인 수학교육이 이루어지고 있었다. 이 시기에 기술의 기초로서의 수학의 특권적인 역할은 점점 의문시되어, 공학자와 기술자들 사이에서 '반-수학(anti-mathematics)' 운동이 증가하였다(G. Schubring, 1989, p.181). 1900년 '반-수학' 운동의 결과 수학 시간이 감소하게 하였다.

이러한 상황에서 Klein은 기술교육 기관에서 수학교육의 위기를 극복하고 Realgymnasium과 Gymnasium에서 공히 추구해야 할 수학교육의 모습을 정립하기 위한 개혁 운동을 시작한다. Klein(1872)은 Erlangen 대학에 교수로 취임하면서 행한 연설에서 인문교육과 과학교육의 분열의 심각성을 지적하면서, 이러한 분열은 수학에 대한 부족한 이해에 기인한다고 하였다. Klein은 이러한 분열을 해소하고 양극화된 요소들이 조화롭게 결합되는 통합된 교육을 희망하였다.

1888년 Klein은 기술대학(technical college)을 대학(university)에 통합하려는 아이디어를 제안하였으나, 이 아이디어는 공학자들의 거센 반발로 실현되지 못했다(Schubring, 1989; Pyeson, 1983). Klein의 제안은 중등교육과 고등교육의 통합된 체제를 찾고자 하는 생각에서 나온 것이었다. 그는 인문교육과 과학교육의 분리를 고등교육 기관에서 통일하고자 하였던 것이다(Pyenson, 1983, p.57). 고등교육을 위한 통합 프로그램을 만들려던 계획이 수포로 돌아가면서, Klein은 독일에서 수학교육 제도의 근본적인 개혁이 단순히 기술대학을 대학에 통합하는 조직상의 개편만으로는 성취되기 어렵다고 생각하게 되었다(Schubring, 1989, p.184). Klein은 교사 교육의 개선에 관심을 갖고, 수학 수업에서 일방적으로 형식적이고 추상적인 접근을 지양하고 실제적이고 직관적인 방식으로 접근해야 한다고 주장하였다. Klein의 노력의 결과, 1898년 프러시아의 교사 자격시험을 위한 규정[15]에 응용수학이 도입되었다. 프러시아의 기술 대학에서 처음으로 수학은

15) 1898년 교사 시험 법령에서는 '응용수학의 분야'로서 널리 이해되었던 세 가지 하위분야를 언급하고 있다. (1) 화법기하학(descriptive geometry) (2) 기술 기계학의 수학적인 방법. 특

학문의 한 분야로 도입되었고, 예비 수학교사는 기술 대학에서 3학기 동안 응용 수학을 공부하도록 하였다.

1892년 Klein은 Göttingen 대학에서 수학과 물리학의 통합 교육과정을 개설하였고, 기하학적 직관을 강조하면서 응용수학과 순수수학을 연결하려고 하였다(Pyenson, 1983, p.58). 1899년 기술대학이 대학과 동등한 지위를 얻은 후, 기술 교육이 확장됨에 따라 수학의 역할은 점점 더 중요해졌다. Klein은 여러 종류의 학교[16] 특성에 너무 고착되는 것은 수학교육을 위험하게 만든다고 생각하였다. Klein은 각 형태의 중등학교 교육에서부터 고등교육까지 자유롭고 유연한 이행이 제공된다면 이러한 위험은 줄어들 것이라고 믿었으며, 이를 위해서는 결국 중등학교의 수학교육과정의 개혁이 필요하다고 생각하였다(Schubring, 1989, p.185).

1900년 프러시아 교육부의 F. Althoff는 Klein에게 다음 두 가지 문제에 관한 의견을 요청하였다.[17]

(1) 1890년 학교 회의 이후 중등교육의 수학과 자연과학 수업의 영역에서 진보된 점은 무엇인가?

(2) 어떤 중등교육에서의 준비과정이 기술대학에서 공부하는데 더 도움이 되는가?

히, 그래프 통계학 (3) 관찰 가능한 오류를 위한 보정에 대한 이론과 함께, 초급 측지학과 고급 측지학의 요소. 이러한 분야는 다소 불충분하였지만 교사교육의 한계를 고려해야만 하였다. 게다가 이것은 응용수학의 효과적인 범위로서 독일 수학자들에 의해 널리 승인 받은 내용이었다. 이 세 가지 분야는 일반적으로 응용수학의 주요한 핵심으로 여겨졌다(Pyenson, 1983, p.71).

16) 1882년 완성된 학제에 따르면 Gymnasium, Realgymnasium, Oberrealschule의 세 가지 종류의 중등학교가 있었다.

17) 이 질문에 대한 Klein의 대답은 1890년 공학 운동의 대표자들과의 토론을 통해 부분적으로 나온 것이었으며, 중등교육과 고등교육의 재구성을 위한 윤곽을 그린 것으로 수학개혁 운동의 역사에 있어서 매우 중요한 것이다(Schubring, 1989, p.186).

첫 번째 질문에 대하여, Klein은 세 중등학교는 동등하게 간주되어야 하며, 각 학교는 성공적인 수학교육을 위한 충분한 기회를 제공해야 한다는 점을 강조하였다(Schubring, 1989, p.186). 그는 학문적인 영역과 실용적인 영역 사이에서 중용을 지켜야 하며, 응용수학을 순수수학과 연결하여 실용적인 측면까지 교육을 확장하는 것은 논리적인 기초의 퇴보로 이어지지 않는다고 말하고 있다. 중등학교 수업에 순수수학과 함께 응용수학을 도입하기 위해서는, 방학 기간에 교사들을 위한 세미나를 정기적으로 시행해야 한다고 주장하였다.

두 번째 질문에 대해, Klein은 기술대학의 수학 교육과정은 기초적이고 일반적인 부분과 고급수학으로 이루어져 있는데, 일반적이고 기초적인 부분은 전문학교가 아닌 보편적인 성격의 중등학교로 옮기고, 고급수학은 대학 교육과정에 남겨야 한다고 권고하였다.

Klein은 수학과 과학 교육과정 개혁을 위하여 교사, 과학자, 기술자들의 이해와 협조를 구하고자 다양한 노력을 기울였으며, 폭넓고 강력한 동맹을 만들고자 하였다. 프러시아 정부도 개혁 운동을 지원하여, 각 종류의 중등학교 몇 곳이 실험 연구 학교로 지정되었다. 적극적인 교사들은 Klein이 주장한 함수 개념의 정신을 구체화한 새로운 교육과정을 도입하기도 하였다(Schubring, 1989, p.188).

1904년 Breslau 회의에서 교육위원들은 수학과 과학에서 학교 개혁을 평가하고 변화를 제안한 후, 1905년 Meran에서 모임을 가졌다.[18] 이 위원회에서 Klein의 주도하에 독일 수학교육의 헌장이라고 불리는 Meraner Lehrplan이 작성되었다. 이 위원회는 공간 직관적인 감각을 강화하고 함수적인 사고에 익숙해지게 해야 한다는 Klein의 입장을 지지하였고, 미적분학에 대한 내용은 교사가 결정하도록 하였다. 세 종류의 중등학교에서 수학은 동일한 성격을 가져야 하며 추상적인 개념은 실제적인 응용과 연결할 것을 권고하였다(Pyenson, 1983, pp.94-95).

IMUK(Die Internationale Mathematische Unterrichtskommission)가 1908년 4

18) 위원회 위원들은 그 당시 문화에 있어서 교육의 수학적-과학적 요소의 중요한 역할을 강조하기를 원하였고, 이를 위해 세 가지 지침에 동의하였다. 첫째, 중등학교의 교육은 언어-역사 분야나 수학-과학 분야에만 제한되어서는 안 된다. 둘째, 수학과 과학은 학교에서 언어와 동일한 가치가 있다. 각각의 목적은 교양교육(general education)을 제공하는 것이다. 셋째, 위원회는 세 종류의 중등학교가 완전히 동등하다는 것을 확인한다.

번째 국제 수학자 회의에서 결성되면서 Klein은 회장으로 선출되었다. Klein은 국제적인 조직의 지원을 통해 개혁 운동을 확장, 강화하고자 하였다. Klein의 이러한 노력은 독일뿐 아니라 다른 여러 나라에도 많은 영향을 끼쳤다.

Klein이 활동했던 19세기 말과 20세기 초는 당시 독일 교육의 사상적 바탕인 신인문주의 교육에 반대하는 개혁 운동이 대대적으로 전개되던 시기였다. 19세기 후반의 교육 개혁가들은 고전만을 중시하는 신인문주의 교육에 반대하여 수학교육 및 과학교육의 개혁을 주장하였다. 예를 들어, R. Virchow는 수학교육과 자연과학교육은 고전교육과 다르지 않으며 근대적인 세계관은 자연과학의 기초에서 구성되며 이것에 이의를 제기할 수 있는 사람은 아무도 없다고 하였다(Pyenson, 1983, p.117). P. Pietzker는 자연과 인간의 관계, 자연 현상에 대한 지적인 이해는 과학 연구의 주요한 내용이라고 하면서 과학을 인문학 중 하나로서 잘 가르쳐야 한다고 주장하였다(Pyenson, 1983, p.119). 이러한 개혁자들의 시각에서 보면, 자연과학은 인문학을 보완하는 것이었다.

Klein은 수학을 인간 지식의 다른 어떤 분야에도 구속되지 않는 인문학의 하나로 생각하였다.[19](Pyenson, 1983, pp.118-121). 신인문주의자들은 자유교육을 고전을 가르치는 일로 좁게 이해하였으나, Klein은 수학을 통해 문명의 발달과 자연의 법칙을 이해하게 하여 인간의 정신적인 삶을 제고한다는 새로운 과학적 인문주의를 자신의 교육 개혁의 바탕에 두었다고 할 수 있다. 그는 학생들이 수학적 탐구를 통해 세계에 대한 이론적 철학적 성찰을 하면서 현대 문화를 이해하기를 원하였던 것이다.

2. 수학교육의 이념

Klein의 학교수학 개혁 운동을 떠받치고 있는 근본 사상은 형식주의와 실용주의, 순수수학과 응용수학의 대립을 넘는 통일이라고 할 수 있다. Klein은 수학교육을 각 학교의 일반적 교양 형성이라는 목적에 합치시키고자 하였다. 그는

19) Klein, Vorträge über den mathematischen Unterricht ann den höheren Schulen: I. Von der Organisation des mathematischen Unterrichts(Leipzig, 1907), pp.136-137

'Gymnasium에서 수학은 역사적, 철학적 분야에서 이해될 필요가 있고, Realgymnasium에서 수학은 응용 및 실제적 능력과 관련된 분야에서 이해될 필요가 있다'고 말하고 있다(小林佐平, 1934, p.247).

Klein은 수학의 근본적인 목적에 대하여 다음과 같이 말한다.

> 이전에는 수학의 목적으로 오로지 이해력의 향상을 들었습니다. 그러나 정작 중요한 것은 세상의 존재에 관한 바른 전제를 근거로 한 바른 고찰이 외부세계를 지배할 수 있다는[20] 올바른 신념을 갖도록 하는 것입니다. 우리는 외부세계에 눈을 돌리는 일부터 시작해야 할 것입니다(Klein, 1902, pp.129-130).

Klein은 이러한 목적관을 바탕으로 올바른 응용의 회복과 근대 수학의 도입을 통해 만인을 위한 수학교육의 가치를 주장하였다. 본 절에서는 Klein이 주장한 교양교육으로서의 수학교육의 의미를 수학의 '형식'과 '응용'에 초점을 맞추어 고찰하기로 한다.

(1) 형식을 통한 일반교양교육으로서의 수학교육

Klein은 인문주의 전통 아래 수학 교과의 '형식'을 중요시하면서 수학교육에서 사고 훈련과 이해와 안목의 중요성을 강조하였다. 1872년 Erlangen 대학의 교수 취임 연설에서 변환군 이론에 의하여 기하학을 통합하는 Erlangen Program과 후에 수학교육 개혁 운동의 지침이 될 수학교육에 관한 연설을 하였다(Pyenson, 1983; Schubring, 1989; Rowe, 1985). Klein(1872)은 '수학적 지식이 실제적인 이익을 수반하기 때문이 아니라 더 높은 의미에서 풍부하고 숭고한 기쁨의 근원이 될 수 있기 때문에, 다른 많은 과학의 영역으로 들어가기 위한 전제 조건이 되기 때문에, 수학적 지식의 부족은 유감스러운 일'이라고 하면서 연설을 시작한다. 그리고 뒤이어 형식 교육의 도구로서 수학의 가치를 강조하였다.

---

20) richtiges Nachdenken auf Grund richtiger Prämissen die Außenwelt beherrschen läßt

> 형식 교육의 도구로서 수학, 이것은 내가 자연과학과 의학을 배우는 학생들이 기억하길 간청하는 핵심적인 측면입니다(Klein, 1872, p.138).

Klein이 수학의 형식적인 가치를 강조하고 있지만, 이것은 당시 독일 수학교육에 만연해 있던 형식주의와는 본질적으로 다른 것이다(Rowe, 1985, p.127). Klein은 Erlangen대학 취임 연설에서 그 당시 독일에 만연해 있던 형식주의를 다음과 같이 비판하고 있다.

> 학교라는 사회에서 자주 들리는 너무 널리 퍼진 의견은 수학이 정말 중요하지 않다는 것입니다. 무엇보다 가장 나쁜 것은 이러한 의견을 통해 수학이 진정한 교육적 가치가 거의 없는 것으로 소개되고 자주 정당화된다는 것입니다. 수학적인 조작을 위한 올바른 의식을 발달시키거나 또는 기하에 대한 생생하고 직관적인 이해를 개선하는 것 대신에, 교실에서의 수업 시간은 생각 없이 형식만을 배우거나 근본적인 기초가 없는 사소한 기교만을 연습하는 데 시간을 보냅니다(Klein, 1872, p.139).

Klein에게 있어서, 기교만을 연습한 학생들이 스스로 아이디어를 구상하지도 못하고 친숙하지 않은 질문에 전혀 답하지 못하는 상황, 수학이라는 교과가 교육의 빈곤함과 무관심으로 인하여 가치 없는 것으로 간주되는 상황은 매우 유감스러운 것이었다. 학생들은 수학의 아름다움과 매력을 거의 경험하지 못하였고, 수학 교사들도 수학 교과의 이러한 측면을 학생들에게 제대로 전달하지 못하였다. Klein은 적절히 가르친다면 대다수 학생들이 수학이라는 교과를 이해하는 것은 물론 그 가치도 알 수 있을 것이라고 생각하였다.

Klein은 수학 교과의 형식도야적 가치, 곧 수학의 형식을 배움으로써 정신적인 능력을 도야시킬 수 있다고 생각하였다.[21)]

---

21) 형식도야 이론에서는 교과에 내포된 '형식'이 인간의 정신을 도야할 수 있다고 본다. 이런 생각 때문에 교과의 구체적인 내용이 무엇인지는 중요한 것이 되지 못하였다. 반면에 Dewey는 교과의 내용(특히 사회적 맥락과 관련 있는)이 정신을 도야할 수 있다고 말한다. 그리하여 Dewey는 '형식도야'와 '정신도야'를 구분한다(이홍우, 2000a, p.108) Dewey에

나는 수학의 가치는, 분명히 과소평가되어서는 안 되는, 수학의 응용에 의해 획득된 지식에 있다기보다는 순수 수학의 공부를 통해 얻어지는 정신의 훈련에 있다고 주장합니다(Klein, 1872, p.138).

Klein은 형식 교육으로서 수학교육의 성격을 수학 교사가 깊이 이해해야 한다고 생각하였다. Klein이 수학 교과의 가치와 관련하여 교과의 '형식'을 강조하는 것은 인문주의적 전통이다.22) 교과의 내용을 '형식적인' 차원에서 파악하는 관점은 '교육사태'와 '생활사태' 중에서 '교육사태'를 강조하는 것이며, 교과에 내재해 있는 '사고의 형식'을 강조하는 것이다. 수학적 지식은 현상이나 사물을 파악하는 개념적 수단으로서, 현상이나 사물을 파악하여 안목을 갖추게 해 준다는 점에서 정당화되는 것이다. 이렇게 교과의 형식적인 측면을 강조하는 생각은 인문주의 전통 안에서 면면히 이어져 내려온 것이라 할 수 있다. Klein은 그 당시 독일의 신인문주의 전통의 교육 사태를 비판하였지만, 인문주의 전통의 교과관을 그 기본 아이디어를 살리면서 새롭게 계승한 것이다(小林佐平, 1934, p.204). Klein은 수학을 통해 도야된 정신이 인간관계나 사물에 대하여 판단하는 데 유용하다는 입장을 취하고 있다. 이러한 이유에서 Klein은 수학이 다른 교과보다 정신 계발에 적절하다고 보았다(Klein, 1905, p.208). Klein은 수학의 형식을 강조하고 그것을 통한 정신 훈련과 그에 수반되는 기쁨을 강조한다. Klein(1872)에 의하면, 도형에 보조선을 그어 놀라운 기하학적인 진리가 갑자기 명백해질 때나 외관상 어려워 보이는 과제가 보조방정식의 도움으로 단순하고 쉽게 해결되었을 때 경험하는 즐거움과 놀라움 그리고 논리적 통찰력을 통해 맛보는 기쁨은 다른 어떤 분야에서도 맛보기 어려운 높은 수준의 것이다.

Klein은 수학의 '형식'을 강조하지만 그 '형식'의 의미를 명확히 설명하고 있지는 않다. 다만 수학의 형식도야적 가치를 통해 정신의 훈련이 가능하다고 말한

따르면 교육에서 정신을 도야하는 일이 교육의 중요한 목적의 하나이기는 하지만 형식도야 이론에서처럼 교과의 '형식'이 정신을 도야하는 것이 아니고 구체적 내용이 정신을 도야한다는 것이다(이세종, 1988, p.26).

22) 수학교육에 대한 Erlangen대학 취임 연설은 Klein이 수학교육에 있어서 신인문주의의 전통적인 프러시아 견해라는 평가를 받는다(Schubring, 1989, p.183; Rowe, 1985, p.127).

것과 인문주의적 전통 속에서 교육의 문제를 바라보았다는 점을 단서로 하여 그가 생각한 '형식'의 의미를 짐작해 볼 수 있다.

Klein이 정신도야가 수학의 '형식'을 교육함으로써 가능하다고 본 것은 형식이 일종의 사고방식의 성격을 지니고 있음을 시사한다. 교과를 통해 형식을 배웠다는 것은 교과에 내재된 사고방식을 익혔음을 뜻한다. 수학의 '형식'을 이해했다는 것은 수학의 독특한 개념, 논리, 준거를 사용하여 사고할 수 있는 통찰력을 얻게 되었다는 것을 말한다. 수학을 배우는 것은 수학을 통하여 도야된 정신이 인간, 현상, 사물에 관하여 판단하고 추리하는 데 유용하기 때문이다. Klein이 주도한 메란 교육과정에서 9학년 수학의 궁극적인 목표 중 하나로 제시된 '자연에 대한 정확한 지식과 현대 문명에 대한 수학적 의미 통찰'에서 엿볼 수 있듯이, 수학을 공부하는 이유는 현상을 올바른 안목으로 파악하려는 데에 있다. Klein은 다음과 같이 말한다.

> 수학의 형식도야적 가치가 충분히 인정된 입장에서, … 우리 주변 현상계에 대한 수학적 관찰 능력을 가능한 한 발달시키는 것에 관심을 갖게 되었다(Klein, 1905, p.208).

Klein은 인문주의 전통 아래 수학교과의 '형식'을 강조함으로써 교육에서 사고훈련의 중요성과 그에 따른 이해와 안목의 중요성을 강조한다. '형식'을 통해 수학교과를 적극적으로 정당화하는 것은 전통적으로 인문주의가 지니고 있던 입장이다. 자유교육의 이념이 기본적으로 가정하고 있듯이, 인간의 정신은 단편적인 지식에서 벗어나 형식이 제공하는 폭넓은 이해에 도달할 때 자유로울 수 있다. 수학은 문제해결의 수단이 아닌 형식의 습득을 통한 정신도야의 기회를 제공해 준다는 점에서 특별한 의미를 가진다.

(2) 응용을 통한 일반 교양교육으로서의 수학교육

Klein(1872)은 Erlangen대학 취임 연설에서 수학의 형식적인 가치 이외에 수학의 응용적, 실용적인 측면도 강조하였다.

> 수학은 단순히 자신만을 위해 존재하는 것은 아닙니다. 수학 연구가 제공하는 형식적인 교육적 가치뿐 아니라 다른 과학을 위해서도 존재합니다(Klein, 1872, p.138).

Klein(1939)에 따르면, 그리스 수학에는 유클리드 원론으로 대표되는 논리적 연역을 통해 형식적인 체계를 추구하는 측면과 더불어 아르키메데스 수학으로 대표되는 응용에 대한 광범위한 관심을 추구하는 측면이 있다. Newton, Gauss와 같은 탁월한 수학자들조차 언제나 이론적인 측면과 응용적인 측면을 모두 고려하였다. 유클리드 원론의 역사적 중요성은 의심할 여지가 없으나, 일련의 생각을 발생적으로 제시하고 새로운 발견의 실마리를 제공하여 지식의 진보를 이끌었던 아르키메스적인 수학의 중요성 또한 잊어서는 안 된다는 것이다.

순수수학이 수학 그 자체만을 직접적인 대상으로 한다면, 응용수학은 물리적인 사실로 표현된 수학, 자연현상 또는 생활현상에 '표현'된 수학으로서, 대표적인 예로 자연과학에의 응용을 들 수 있다.

> '응용'이라는 말에 관하여, 나는 다른 과학의 발달에서 수학에 의해 수행된 이론적인 공헌을 더 생각할 것입니다. 특히 수학의 연구가 가진 형식 교육적 가치를 생각할 것입니다. 나 자신의 교육 배경인 물리학에서 수학적 개념을 적용시키는 것에 대해 좀 더 이야기하고자 합니다. 내가 이해하는 한, 그 유사한 관찰들은 일반적으로 수학의 응용, 특히 자연과학에의 적용을 위한 것입니다(Klein, 1872, p.137).

수학은 과학 연구의 도구이며, 그 응용의 범위는 자연과학, 공학, 통계학 등 광범위하다. Klein(1872)은 특히 수리물리학에서 수학이 어떻게 핵심적인 역할을 하는지, 물리적인 현상을 종합하는 데 수학적인 방법이 어떻게 사용되는지 구체적으로 설명하였다.

Klein은 수학 공식은 '지각된 관련성에 대한 정확한 기호법'으로 이해해야 하고, 그래서 수학이라는 외부적인 형식의 '옷을 입은' 형식주의는 교육의 핵심이 될 수 없으며 오히려 형식주의 이면의 내적 일관성을 찾아야 한다고 본다. 수학의 진보는 천문학, 수리물리학, 기하학과 같은 '직관에 기초한(anschauungs-smässigen) 분야'의 진보와 밀접한 관련이 있으며, 새롭고 순수한 수학 분야는 그러한 구체적인 분야에서 생길 수 있기 때문임을 지적한다(Pyenson, 1983, p.54).

Klein은 1880년 Leipzig 대학 기하학부 부장으로 취임하면서 현대 수학과 실제적인 응용의 관계에 대한 강연을 하였다. Klein은 순수 수학으로 편중된 발달이 수학자로 하여금 현실을 보지 못하게 하고, '이론 수학자를 응용 수학자에게서 분리하는 깊은 틈은 분열을 극복할 수 없는 위협이 된다'고 하면서 추상적인 수학만 연구하고 가르치는 순수 수학자들을 비판하였다. 그리고 순수 수학과 응용수학 사이의 분열을 막기 위해서 수학에서 기하학적 모델을 사용할 것을 권고하였다(Pyenson, 1983, p.56).

응용을 통한 수학교육이 단순히 과학 연구의 도구로서만 이해된다면, 그것은 기능적인 교육에 지나지 않는다. Klein에게 응용수학의 회복은 결코 실용주의적인 교육이나 단순한 기능 교육을 뜻하는 것이 아니다. Klein은 '유용한 언어를 단지 실리적 의미로 이해해서는 안 되며, 여러 분야의 뛰어난 교양을 목적으로 한다는 측면에서 실용적인 것으로 이해해야 한다'고 말하고 있다(小林佐平, 1934, p.258). Klein과 더불어 Götting도 그 당시 학교 수학의 가치를 단지 기술적인 적용에만 두는 것을 염려하였다. 추상적인 수학의 형식은 외부세계와 구체적인 관계가 있고, 순수수학은 자연뿐 아니라 경제, 정치, 상업적인 생활, 현대 문명을 이해하고 바라보는 데 필수적이라는 것을 강조하였다(Pyenson, 1983, p.85). Klein은 응용 수학자가 순수수학에 대한 경의를 잃어버리지 않고 순수 수학자는 응용 분야의 중요성을 의식하도록 해야 한다고 하였다. 그리고 응용수학은 장래 수학 교사를 위한 자격 조건이 되어야 한다고 주장하였다. 응용수학은 정규 수학 수업의 필수적인 부분이 되어야 하므로 수학 교사는 순수 수학과 응용수학을 가르치는 능력을 겸비해야 한다는 것이다(Klein, 1939, p.15).

수학의 '응용'은 일반적인 수학의 특수한 구체적 '표현'이라고 할 수 있다. Klein은 수학의 응용은 단순한 응용으로 끝나서는 안 되며, 모든 분야에 응용 가능한 정신능력의 도야로 연결되어야 한다고 생각하였다. 그는 응용수학과 관련된 분야가 다른 학문과 마찬가지로 대학에서 학문적으로 연구되어야 한다고 주장하였다.

> 사람들은 응용수학을 단순히 숙련된 기능 정도로 생각하며, 대학에서의 수업은 강사들이 하는 것으로도 충분하다고 여깁니다. 이러한 생각은 근본적으로 잘못된 것임을 깨달아야 합니다. 응용수학과 관련된 분과는 다른 모든 학문과 마찬가지로 대학에서 학문적으로 연구되어야 합니다. 응용수학은 순수수학의 한 부분을 차지하고 있습니다. 응용수학의 본질은 순수수학의 사고방식과 외부세계의 대상들의 관계를 포착하는 일을 연결한다는 점에 있습니다. 그 밖에도 응용수학은 독자적이며 순수수학의 논리 부분에 해당하는 사고의 내용을 포괄하고 있습니다(Klein, 1902, p.135).

Klein은 수학교육의 보편적인 교육 원리는 처음에 덜 추상적인 것에서 시작하여 끊임없이 응용을 생각하면서 점점 정련된 것을 다루어가는 것이 필요하다고 말한다. 수학을 온전히 이해하기 위해서는 응용수학이 필수적인 것이다.

> 나는 학교에서 처음부터 응용이 산술을 따라온다는 사실 즉, 학생들은 법칙을 이해하는 것뿐 아니라 법칙을 가지고 무엇인가 하는 것을 배운다는 사실을 강조했다. 수학을 가르칠 때에는 항상 그래야만 한다! 물론, 수학이라는 유기체의 굳은 뼈대라고 말하기도 하는 논리적 관계도 특유의 신뢰성을 주기 위하여 남아야 한다. 그러나 수학에서 가장 중요한 자극인 생기 넘치는 것은 완전히 응용, 즉 순전히 논리적인 것과 다른 모든 영역과의 상호 관련성에 의존한다. 수학에서 응용을 추방하는 것은 살아 있는 동물의 본질, 즉 근육, 신경조직, 본능 등 동물의 생명을 생각하지 않고 골격 그 자체가 살아있는 동물의 본질이라고 보는 것에 비유될 수 있다(Klein, 1939, pp.15-16).

또한 Klein은 응용수학이 수학에서 새로운 진리를 발견하는 발견술적 가치를 지니고 있음을 강조하였다.

> 수학에서 새로운 진리를 발견하기 위한 목적으로 응용과학의 발견술적인 가치를 특히 강조해야 한다. 따라서 (Riemann 이론에 대한 나의 작은 책에서) 아벨 적분은 닫힌곡면에서의 전류를 고려함으로써 가장 잘 이해되거나 설명될 수 있다는 것을 보였다. 비슷한 방법으로, 소리-진동에 대해 고려하여 미분방정식의 정리를 이끌어 낼 수 있었다(Klein, 1893, p.46).

Klein이 추구하는 응용을 통한 일반교양 형성이라는 수학교육의 목표는 수학이 과학 나아가 현대의 일반 문화 전체 속에서 차지하는 의의와 가치를 이해하는 것이라 할 수 있다. Klein은 학생들이 수학의 응용을 통해 수학과 현대 문화의 관련을 구체적으로 이해하고, 수학의 문화적 의의와 가치를 인식하기를 원하였다.

Klein은 이론적인 학습과 현대적인 삶의 모든 것이 진정으로 긍정적인 관계에 도달하기를 원하였으며, 이러한 관계에 도달하는데 수학은 특별한 역할을 하는 것이었다. Klein은 수학의 형식을 통해 정신도야를 이루고, 응용을 통해 문화의 의미를 이해하는 수학교육을 추구하였다. 따라서 무엇보다 중요한 점은 수학교육에서 수학의 '형식'과 '응용' 모두가 존중되어야 하며 수업에서도 균형을 이루어야 한다는 점이다. Klein은 지나치게 추상적인 쪽으로 기울였던 진자를 다시 반대의 극단적인 쪽으로 옮겨 놓으려 한 것이 아니라, 진자를 양극단 사이의 중심에 놓기를 원한 것이다. Klein(1900)은 Althoff에게 보낸 서한에서 바람직한 수업은 수학의 두 측면 사이에서 중용을 지키는 것임을 강조한다.

> 수학 분야에서는 두 가지 상반된 경향이 나타납니다. 한 편은 순전히 스콜라적인 영역입니다. 여기서 수학은 단지 오성을 날카롭게 하기 위한 수단으로 보이며 그와 상응하여 논리적인 요소만 일면적으로 강조합니다. 다른 한 편은 순전히 실용적인 영역입니다. 여기서 쓸모 있게 적용할 수 있는 특정한 공식이나 작도 방법이 엄밀한 증명도 없이 권위 있는 것으로 전해지고, 외면적인 연산의 과정에서 숙련도가 무엇보다도 중요시됩니다. … 이러한 상황에 대하여 저는 다음과 같은 원칙을 가지고 있습니다. 이성적인 올바른 학교 수업은 중용을 지켜야 한다는 것, 다시 말해 양 측면의 가장 본질적인 것들을 효과적으로 가르쳐야 한

다는 것입니다(Klein, 1900, p.213).

Klein이 수학의 '형식'을 강조한다고 해서 그가 형식만을 가르쳐야 한다고 주장하는 것이 아니다. 교과는 구체적인 내용들의 집합이며 내용을 통해서만 형식을 가르칠 수 있다. 수학의 형식도 그 내용인 수학의 '응용'을 통해서 가르칠 수 있다는 것이 Klein의 생각이라고 할 수 있다. Klein은 수학교육의 온전한 모습을 드러내기 위해서는 수학의 형식과 응용 양자 중 어느 하나도 없어서는 안 된다고 생각한 것이다.

3. 수학교육 원리

Klein은 수학교육에서 수학의 형식과 응용 양자가 모두 존중되어야 하며, 수업에서도 균형을 이루어야 함을 강조하였다. 이론적인 수학과 실제적인 수학을 통합하려는 Klein의 생각은 그의 교육방법론을 통하여 구체화된다. Platon과 Froebel이 형이상학적 차원에서의 수학의 교육적 가치를 강조하였다면, Klein은 경험적 차원에서 수학적 지식 및 수학적 사고 형성과 관련하여 수학의 교육적 가치를 구체적으로 설명하고자 하였다. 다음에서는 Klein이 제시한 수학교육 원리를 종합수학과 자연발생적 방법, 직관 교육론, 함수적 사고교육론으로 나누어 살펴보기로 한다.

(1) 종합수학과 자연발생적 방법

Klein이 보기에, '학교수학'은 '평균적인 재능을 가진 인간 정신이 도달할 수 있는 수학의 부분을 포괄하고 오늘날의 문화 이해를 위한 보편적인 기초를 제공'해야 한다. 수학교육의 내용은 전체가 내적으로 종합되고 유기적으로 통일되어 연속적인 하나의 유기체를 이루어야 하는 것이다.

중등교육의 이상적인 목적은 보편적 교양으로의 매개라는 것, 수학이 하나의 유기체로 가르쳐져야 한다는 것 그리고 수학의 부분들은 능동적이고 생생한 관계 안에 있어야 한다는 것은 확고한 사실이다(Klein & Schimmack, 1907, p.38).

Klein이 보기에 학교수학과 대학수학의 불연속은 학교수학의 근본문제였으며 수학교육개혁을 통해 해결해야 할 문제이기도 하였다.

> 학교나 대학에 도움이 되지 않는 이러한 이중적 불연속성을 없애기 위한 운동이 있다. 한편으로, 학교에서 현대 문화와 조화되는 과학 발전에서 생겨난 새로운 아이디어를 가르치고자 하는 노력이 있다. 다른 한편으로, 대학교육에서 학교 교사에게 필요한 것을 좀 더 중요하게 고려하려는 노력이 있다(Klein, 1939, p.1).

Klein은 고대 수학에서부터 근대 수학에 걸쳐 유기적이고 연속적인 수학을 구상하고, 근대 수학의 내용도 포함하는 새로운 기초적인 수학을 구성하고자 하였다(Klein & Schimmack, 1907, p.111).

> 기초수학은 현재의 학문의 위치에 따라 보다 특수한 연구 없이 평균적인 재능을 가진 인간 정신이 도달할 수 있는 수학의 부분을 포괄할 것이다. 학교수학은 이러한 기초수학으로부터 중등교육의 목적에 가장 일치하는 것을 선택해야 한다.

Klein은 초등수학에서 고등수학까지 연속적으로 발전하는 계통적인 수학 중에서 일반교양에 적합한 기초수학을 구성하고자 하였다. 그는 특히 학교수학에 초보적인 해석기하학 및 미적분학을 도입하여 연속, 함수, 극한 등 근대수학의 내용을 포함시키고자 하였다.

> 학교수학은 오늘날의 문화에 대한 이해를 제공하는 보편적인 기초를 선택해야 한다. 미적분학의 근본 원리는 '고등 해석학'에 속하는 것이 아니라 기초수학에 속한다. 미적분학은 주어진 범위 내에서 학교수학의 한 부분이 되어야 한다(Klein & Schimmack, 1907, pp.111-112).

Klein(1904)은 해석기하학 및 미적분학이 수학 발전의 자연적 산물이며, 그 당시 수학의 조직과 응용에 있어서 중심이 되는 분야라고 보았다. 따라서 미적분의 기본적인 원리를 알면 자연과학의 근본 원리를 이해할 수 있다고 주장하였다. 그리고 적당한 방법으로 미적분의 초보적 기초를 가르친다면 특별한 수학적 능력을 가진 학생이 아니더라도 충분히 배울 수 있다고 생각하였다. 예를 들어, 곡선의 경사에 대한 개념으로 미분을, 곡선도형의 넓이나 부피로 적분을 유도하고, 속도 및 가속도와 같은 역학 개념에 응용하여 미분과 적분을 구체적으로 이해하게 할 수 있다고 보았다.

> 기하학적으로 서술된 간단한 함수 그래프에서 출발하여, 예를 들어 곡선에 대해 그 경사의 의미를 미분계수의 명료한 개념으로 발전시키고, 곡선으로 이루어진 도형의 부피라는 구체적 문제에서 적분의 개념을 유도한다면, 그것이 학생에게 너무 어렵다고 주장하기 어려울 것이다(Klein & Schimmack, 1907, p.39).

그러나 미적분학을 학교에서 가르쳐 본 결과 대다수의 학생들이 실패하고 극소수의 학생들만 이해한다는 문제가 제기되었다. 이에 대하여 Klein(1902)은 만약 정말 수업이 실패에 이르렀다면 그것은 추상적인 수업 방식에 문제가 있기 때문이라고 말한다. 또한 Klein(1904)은 고등수학이 미적분학에서 시작되며, 학생들은 이것을 배움으로써 '사고의 전환'을 겪게 된다고 하지만, 학생들에게 이러한 사고의 전환을 최대한 겪지 않도록 하기 위하여 교육과정을 제안하고자 한다고 말한다.

Klein은 그 당시의 배타적이고 분리적인 수학교육을 비판하고 그 비교육성을 다음과 같이 지적하고 있다.

> 요즈음 수학교육에 있어서 산술(및 대수)과 기하학의 외견상 분리는 너무나 심각하다. 이러한 외견상의 분리뿐 아니라 내적인 분리도 있다. 대학에서 수준 높은 특별 강의에서나 재미있는 대상이 될 만한 방법이 불운하게도 지금까지 중등교육에서 중요시되었다. '기하학적 기하학(geometraca geometrice)'은 수 개

> 념을 도입하지 않고, 대수는 '기하학의 방해물'이 되어 더 이상 필요가 없게 되었고 산술에서도 도형을 전혀 사용하지 않는다! 우리는 이러한 비교육적인 방식에 대해 더 이상 이야기할 필요가 없다(Klein & Schimmack, 1907, p.38).

이러한 배타적이고 분리적인 교육방식은 종합적인 관점에 기초한 응용의 측면에서도 문제가 된다.

> 후일 생활에서 무엇인가 급히 해결해야 하는 수학적인 문제가 사람들에게 생겼다고 하자. 그 때 이것을 순수하게 기하학적으로 측량적인 개념을 피해 사영적으로 풀어야만 하는 것인가, 순수하게 정수론적인 방법으로 풀어야 하는 것인가라는 질문을 되풀이할 여유는 없을 것이다. 대부분의 사람들에게는 전체적인 수학적 지식의 기초를 통한 일반적인 도움이 가장 필요하다. 통상적으로 다양한 수학적 사고방법을 밀접하게 관련지어 교육해야 한다(Klein & Schimmack, 1907, p.39).

종합적인 관점 하에 수학을 이해하게 하는 것이 중요하며, 상이한 사고방식을 밀접하게 관련지어 가르쳐야 한다. 이런 맥락에서 Klein은 메란 교육과정의 가장 낮은 학년에서 산수와 기하를 배운 것이 5, 6학년에서 종합되어 함수 개념의 습득으로 스며들어야 한다고 강조하였다. 그러나 여기서 종합은 단순한 혼합과는 다른 것임에 주목할 필요가 있다. Klein은 '기하학이 산술(및 대수)에 희생되어서는 안 되며, 또 동시에 산술(및 대수)이 기하학에 희생되어서도 안 된다'고 하면서 양자의 융합은 각각이 그 형식을 잃지 않을 때 성취될 수 있다'고 말한다(小林佐平, 1934, pp.288-289). Klein은 각 분야가 자신의 역할을 발휘하면서 비판적으로 통일되기를 원한 것이다.

한편, Klein은 특별히 타고난 재능이 있지도 않고 수학적인 사고방식에서도 멀리 떨어져 있는 많은 학생들이 특정한 수준의 수학을 이해할 수 있도록 이끌어 주는 학교의 과제를 깊이 생각해야 한다고 말한다(Klein, 1904, p.6). 그는 합리적인 교수 방법은 내용의 본질에 기초한 원칙과 학생의 정신발달에 기초한 심리적 요구가 일치해야 한다고 보았다.

> Gymnasium과 Realschule에서 수학 수업만큼 어려운 것이 없었으며, 대다수의 학생들은 처음에 논리적 추론에 얽매여 있는 것을 몹시 싫어했습니다. 그러나 쉽게 이해할 수 있는 논의를 출발점으로 하여 점차 추상적인 논리 형식으로 이끌어 가면 젊은이들의 관심을 쉽게 얻을 수 있습니다. 심리학적으로도 이와 같은 방식으로 학생들을 어려운 기호의 체계로 이끄는 것이 옳습니다(Klein, 1902, pp.219-130).

Klein은 학교에서 수학을 가르치는 첫 번째 원리는 모든 부분에서 학생의 이해력과 자발적 흥미를 연결하는데 있다고 본다(小林佐平, 1934, p.304). 그는 교수방법을 개선하는 원칙으로 '교육과정을 한층 더 정신의 자연스러운 발달 과정과 합치되도록 할 것, 항상 현재의 개념과 연결할 것, 새로운 지식을 기존의 지식과 유기적으로 관련되도록 할 것'을 역설하였다. 즉 심리적 가능성 및 한계와 흥미의 원칙이 우선적으로 고려되어야 한다는 것이다(小林佐平, 1934, p.306).

Klein은 일반교양으로서 수학을 가르치는데 있어서 교과의 심리와 논리가 조화롭게 통일되어야 함을 강조한다. 이러한 원리 아래 '이전 과정에서 이미 잘 익힌 개념과 함께 발전시켜야'하고, '올바른 방법으로 단계를 높여 가면서 전체 수학 수업에 결정적으로 영향을 끼쳐야 한다'고 한다(Klein, 1904, p.4). 처음에는 실제적인 생활과의 관련성에서 출발하여 점진적으로 논리적 완성에 도달해야 한다는 것이다.

메란 교육과정에서도 일상적인 응용을 통해 내용의 범위를 확장하도록 하고 있다. 예를 들어, 다양한 방법으로 길이와 넓이를 측정하는 것과 주위 사물을 통해 기본적인 개념을 설명하는 것으로 기하가 시작된다. 산술 역시 형식적인 공식의 지나친 사용을 피하면서 일상생활 속에서 일어나는 과제를 통해 도입한다. 산술과 대수 사이의 불연속을 최소화하기 위하여 수의 계산으로부터 자연스럽게 문자 계산을 유도한다.

Klein은 수학은 첨단뿐 아니라 기초도 계속 깊어지면서 성장하는 것이기 때문에 어떤 고정된 출발점도 가질 수 없으며, 연역적 방법만으로는 수학의 특성을 온전히 드러낼 수 없다고 주장한다(Klein, 1939, pp.16-17). Klein은 수학적 개념을 지도하는 데 있어서 그 개념에 대한 역사적 기원을 이해하는 것이 매우 중요함을 다음과 같이 강조한다.

> 우리는 우리의 수학교육학적 입장에서 아동들에게 너무 일찍 그러한 추상적이고 어려운 것을 제시한다는 인상을 주지 않도록 해야 한다. 이 점에 대한 나의 견해를 정확히 규정하기 위하여 재현의 법칙을 인용하고자 한다. 그것에 따르면 개체는 종족의 전 발달 단계를 단축된 순서로 거치면서 발달한다. 이러한 생각은 오늘날 모든 사람의 교양이 되어 있다. 나는 이 기본법칙을 다른 모든 교육에서와 같이 수학교육에서도 일반적으로 따라야 할 것으로 생각한다. 아동의 자연스러운 소질을 고려하여, 그 소박하고 원시적인 상태로부터 보다 수준 높은 형식의 지식에 이르도록 분투해간 그 길을 따라 천천히 높은 것으로, 마지막에 추상적인 형식화에 이르러야 한다(Klein, 1939, p.268).

Klein은 교사들이 발생적 방법을 실행하는 데 있어서 가장 본질적인 장애는 역사적 지식이 부족한 데에 기인한다고 생각하였다.

> 그러한 자연스러우며 참으로 과학적인 지도 방법을 보급하는 것을 본질적으로 방해하는 것은 역사적 지식의 결핍이며, 이는 종종 통감되는 바이다. 그것을 극복하기 위하여, 나는 설명을 하는 가운데 역사적인 언급을 하는 것을 강조하였다. 이렇게 함으로써 여러분은 모든 수학적 개념이 얼마나 더디게 발생하였으며, 그러한 수학적 개념은 처음에는 거의 항상 보다 예언적인 형태로 나타나 오랜 발전을 거친 후에 비로소 굳건한 결정 형태의 체계적인 표현을 취하는가를 알게 될 것이다(Klein, 1939, p.268).

예를 들어, 로그를 가르치고자 하는 교사는 로그가 만들어진 역사적인 발생과정을 알아야 한다. 자연로그를 도입할 때 $\lim_{n\to\infty}(1+\frac{1}{n})^n = e$로 정의하고, e는 무리수이며 자연로그는 e를 밑으로 하는 로그라고 정의하는 것은 정당한 동기와 설명이 없는 지도 방식이다. Klein은 로그의 발생 외에도 수, 함수 등의 역사적인 기원을 탐색하였다. 수학교사는 역사적 탐색을 통해 학교에서 수학사적인 내용을 얼마나 많이 채택해야 하는지, 수학교사가 알아야만 하는 것은 무엇이며, 학생이 알아야만 하는 것은 무엇인지를 끊임없이 고민해야 한다고 말하고 있다 (Klein, 1939, p.204).

Klein은 수학을 완성된 산물로서 가르치는 형식적인 수학교육의 결함을 극복하기 위하여 이와 같이 역사-발생적 원리를 제기하였다. 수학을 사고과정으로 보고 그 발생의 근원과 발전 과정을 수학 학습 및 지도에 반영함으로써 수학의 핵심적인 관점을 학습자가 이해할 수 있게 하려 한 것이다.

(2) (공간) 직관론

종합수학과 자연발생적 방법을 따르다 보면, 필연적으로 (공간) 직관의 중요성이 부각된다. Klein(1939)은 아동들 앞에 너무 일찍 추상적이고 어려운 것을 던져 놓는 것을 막아야만 한다고 하면서, 형식적, 추상적인 접근의 대안으로 실제적인 교수와 (공간) 직관의 개발을 주장하였다.

Klein은 Erlangen 대학 교수 취임사에서 교육자가 직면한 핵심적인 과제는 학생들의 관심을 일깨우는 것이라고 하면서, 순수수학과 응용수학, 수학과 여러 분야 사이의 통합을 위해 수학에서 기하학적 모델을 사용할 것을 권고하였다 (Pyenson, 1983, p.56). Klein은 1893년 Göttingen 대학의 수학교육을 설명한 강연에서도, 기하학적 직관을 도입하자고 강력하게 주장하였다. 현실에 얽매이지 않는 순수한 창의력을 형성하기 위하여 직관을 강조하였던 것이다. Klein은 Göttingen에서 그의 전임자였던 Herbart가 수학이 실제적인 응용과 분리된 경우 아이들의 $\frac{5}{6}$가 수학을 완전히 따분하다고 생각했지만 응용이 도입되었을 때는 상황이 달라졌다고 말한 것을 지적하였다(Pyenson, 1983, p.58).

Klein은 현실에 의해 얽매이지 않는 순수한 창의력을 기르는 데에도 직관이 중요한 역할을 한다고 보았다. Klein은 '직관은 수단이며, 추상은 결과'라고 하면서, 수학을 가르칠 때 직관적인 관념에서 출발할 것을 주장하였다 Pyenson, 1983, p.58). Klein은 1893년 9월 Northwestern 대학 강연에서 직관에 대한 견해를 발전시킨다. 그는 수학의 실제적인 근원과 수학적 개념의 직관적인 사용을 간과한 Pasch와 Peano의 형식주의에 유감을 표명하면서, '소박한 직관(naive intuition)'와 '정련된 직관(refinement intuition)'이라는 개념을 도입하였다. '소박한 직관'은 어떤 특별한 형식을 갖기 전에 수학적 대상에 대한 개념을 표현하는 것이다. '정련된 직관'은 수학적 대상의 존재를 설명하는 공리 또는 형식적인 과정을 표현하는 것이다. Klein은 종종 '소박한 직관'을 '직관'이라고 부르고, 형식적인 또는 공리적인 사고를 '정련된 직관'이라고 불렀다. 유클리드에게서 정련된 직관의 예를 볼 수 있다. 유클리드는 잘 형식화된 공리를 기초로 그 체계를 주의 깊게 전개하였다. 정확한 증명의 필요성과 통약가능성과 통약불가능성의 차이점을 분명히 의식하고 있었다. 한편, 소박한 직관의 예를 미적분학이 발생하는 시기에서 찾아볼 수 있다. Newton은 모든 경우에 연속함수가 도함수를 가지는지 여부에 얽매이지 않고, 움직이는 점의 속도의 존재성을 가정하였다(Klein, 1893, p.41).

'소박한 직관'은 정확하지 않은 반면, '정련된 직관'은 엄밀한 것으로서 고려되는 공리로부터 논리적으로 발달하여 생긴 것이다. Klein은 유클리드 시대로부터 우리에게 전해진 것은 그 이후에 존재하는 수학의 아주 작은 부분이라고 하면서, '소박한' 발달 단계가 유클리드보다 앞서야 한다고 말한다(Klein, 1893, p.42).

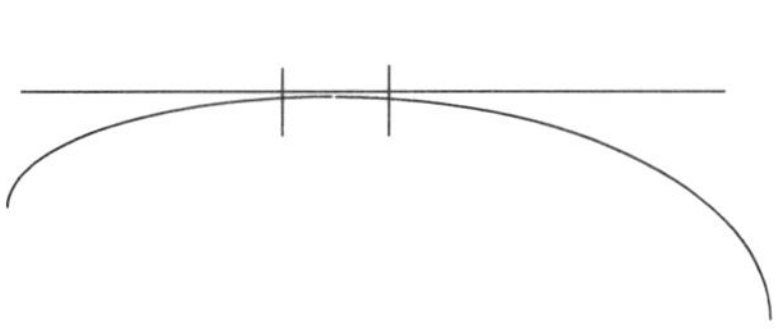

[그림 Ⅳ-1] 소박한 직관의 예

'소박한 직관'은 추상적인 수학적인 점을 구체적인 어떤 것으로 대신한다. 한 개의 띠를 상상해 볼 때, '폭이 없는 길이'를 그릴 수 없지만, 어느 정도 폭이 있는 길고 가는 띠를 그릴 수 있다. 그러한 길고 가는 띠는 항상 접선을 가진다. 즉, 항상 구부러진 띠와 만나는 작은 부분을 가지는 곧은 띠를 상상할 수 있는 것이다(Klein, 1893, p.42).

정의에 대해서도 엄밀하지 않은 근사적 정의를 생각할 수 있다. 엄격한 수학자들은 이러한 정의를 수용하지 않겠지만, 일상적인 생활에서는 이와 같은 부정확한 정의를 실제로 사용한다. 분명히 상당한 폭이 있음에도 불구하고, 우리는 주저하지 않고 강이나 길을 선으로 나타내어 그 방향과 굴곡에 대해 말한다 (Klein, 1893, p.43).

Klein은 '정확한 정의로부터 순수하게 논리적인 추론에 의해 유도된 결과가 더 이상 직관에 의해 확증될 수 없는 많은 경우가 있다'(Klein, 1893, p.43)고 하면서 형식적 사고, 공리적 사고를 '정련된 직관'이라고 부르면서 자기동형 함수(automorphic function) 이론을 예로 들고 있다.

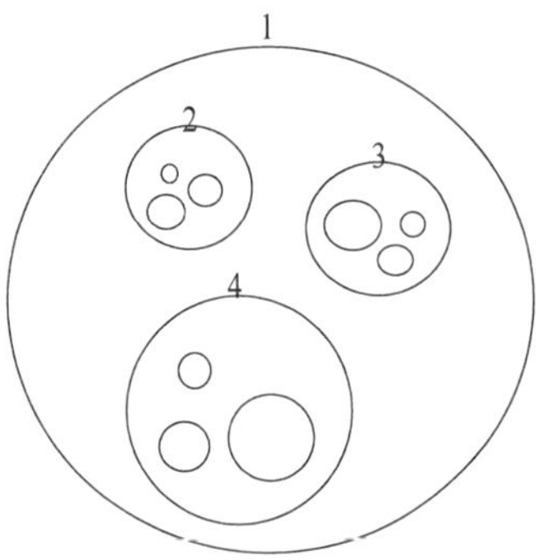

[그림 Ⅳ-2] 정련된 직관의 예

그림 Ⅳ-2와 같이 서로 만나지 않는 몇 개의 원을 1, 2, 3, 4, …, 라 하고, 모든 원은 다른 모든 원에 반사(reflect)된다고 하자. 그 다음 이러한 조작을 무한히 반복한다. 그리고 모든 원 전체에 의해 어떠한 형태가 형성될 것인가 그리고 극한점의 위치는 어디가 될 것인가를 묻는다.

Klein에 의하면, 순전히 논리적인 추론에 의해 이러한 질문에 답하는 것은 어렵지 않지만, 결과에 대한 심상을 만들기는 매우 어렵다.

Klein은 Northwestern 대학 강연에서, 공리와 직관을 결합하는 것이 필수적임을 강조하였다. '기하학적 직관의 부단한 사용이 없이 Lie의 화려한 연구나 대수적 곡선과 곡면의 형태에 대한 연속성 또는 삼각형의 가장 일반적인 형식, 나의 이전 강연에서 논의된 결과를 이끌어 내는 것이 불가능하다'고 하였다(Klein, 1893, p.45).

1895년 Göttingen 과학회 연설에서 Klein은 형식주의를 비판하였다. 현대 수학의 정신은 자연에 대한 탐구와 연속성의 원리에서 발생한 것이었으나, 19세기 중반 Weierstrass 학파의 엄밀함은 공간적 직관을 대신하였고, 방정식이 다이어그램과 도형(그림)을 대신하였다. Weierstrass 학파의 엄격한 산술화의 요구, Peano의 산술의 공리화 등은 수학에 대한 새로운 형식주의적인 접근을 반영하는 것으로, 수학을 재건하는 데 도움이 되었다. 그러나 수학은 논리적인 연역만으로 이루어지지 않는다.

Klein에 의하면, 직관은 논리적인 사고에 앞서며, 논리가 나타내는 것보다 더 넓은 범위에 적용된다. 자연 법칙의 수학적인 형식화는 직관이 기초가 되는 이상화에 달려 있다. 논리적인 숙고는 '직관을 이상화하는 과제를 달성한' 후에야 비로소 유효하다. Klein은 자유로운 정신을 가진 직관과 완전히 고정된 형식적 발달 모두는 교육의 진보를 위해 불가결한 것임을 다음과 같이 말하고 있다(Klein, 1895, Pyenson, 1983, p.61 재인용).

> 수학은 '그 뿌리가 끊임없이 땅 속으로 깊이 들어가고, 그 가지들의 구부러진 그림자가 자유롭게 위로 펼쳐지는' 나무이다. 수학이라는 나무의 삶은 직관이라는 가지와 논리적인 원리라는 뿌리 사이의 건강한 상호작용에 달려 있다. 수학을 이해한다는 것은 나무의 현재 높이와 깊이가 어떻게 성장하여 왔는지를 이해하는 것이다.

Klein(1939)은 '수학은 나무처럼 자라며, 제일 작은 잔뿌리에서 시작하여 그저 위쪽으로만 자라는 것이 아니라 그 뿌리는 점점 깊어지고 동시에 가지와 잎들은 위쪽으로 퍼져나가는 것'이라고 수학을 나무의 성장에 비유한다. 수학은 연역적인 사슬이나 알고리즘의 덩어리라는 이미지와는 달리, 전체적이고 유기적인 실체이며, 실제 세계에 뿌리를 두고 자라는 하나의 통합된 전체로서 그리고 그것의 다양한 가지가 실제 세계에서 응용의 형태로 열매를 맺는 하나의 유기적인 생명체이다(Glas, 2002, p.102).

Klein은 공간 직관이 유기적인 수학을 이해하기 위한 기초, 즉 수학적 인식에 있어서 가장 기본적인 것이라고 생각했다. 이에 따라 모든 수학적 관계를 초등화하는 방법이 공간적 표현을 이용한 직관화에 있다고 보았다. 이러한 이유에서,

Klein은 '기하학적 형식으로 표현되는', 즉 그래프를 통한 함수 관계의 고찰을 강조하고, 미적분의 초보개념을 곡선의 경사 및 곡선 도형의 넓이라는 직관화된 기하학적 형식을 통해 도입하였다. 메란 교육과정의 Quinte(2학년)의 기하학 입문에서는 '공간은 평면기하와의 관계를 중재하는 역할'을 한다고 하면서, 공간의 직관을 통해 기하를 시작하도록 하였다. 뿐만 아니라, 수를 도입할 때도 직관이 필요함을 역설하였다. Klein(1939)은 한정된 수의 공리에서 시작하여 논리로 모든 것을 연역하여 수학을 가르치려는 생각은 유클리드 권위를 지속하려는 생각으로, 수학의 역사적 발달과 일치하지 않는다고 본다. 산술에서 직관 없이 순수하게 논리적인 연구에 도달할 가능성은 없으며, 추상적인 공식에서 기호를 재인식하려할 때에도 항상 직관을 사용해야 한다고 말하고 있다.

(3) 함수적 사고교육론

Klein은 19세기 수학에서 가장 중요한 조직 원리인 함수 개념이 직관과 공리 사이의 균형을 이루게 한다고 보았다(Pyenson, 1983, p.59). 또한 중등 수학교육의 개혁을 위해 그리고 미적분학이 교육과정에 자연스럽게 도입될 수 있는 아이디어로서 함수 개념이 학교수학의 중심 주제가 되어야 한다고 생각하였다(Schubring, 1989, pp.187-188).[23)]

1904년 Breslau에서 수학자와 과학자들의 회의가 열렸고, 이 회의에서 Klein은 '그래프로 표현된 함수 개념이 수학 교수의 중심적인 관념으로 형성되어야 하고, 자연스러운 결과로서 미적분의 요소들은 9학년 교육과정에 포함되어야 한다'고 주장하였다(Hamley, 1934, p.52). Klein은 회의에서 매우 강력한 인상을

23) Klein 이전에 다른 사람들도 학교 교육과정에 함수와 변화를 포함시킬 것을 주장하였다. 1843년 Schellbach와 1865년 Baltzer의 교과서에는 함수를 그래프로 표현하는 것이 없었지만, 함수를 다룬 이들의 교과서는 이후에 개혁 운동에 영향을 주었다. 학교수학에서 함수적 사고의 결정적인 중요성은 교사들의 주목을 끌었고, 수년간 다양한 교사들의 모임에서 더 개진되었으나 적극적인 지원을 받지는 못하였다. 1873년 초 Oettingen은 함수 관념이 학교에서 모든 수학적 연구의 핵심적인 부분이 되어야 한다고 제안하였으나, Klein은 함수적 사고가 학교수학을 묶고 통합하는 원리가 되어야만 한다는 견해를 처음으로 강조하였다(Hamley, 1934, p.49).

남겼고, Breslau Kommission으로 알려진 위원회는 함수를 중심으로 하는 학교 수학 교육 개혁안을 만들기로 하였다. 1905년 Meran에서 Klein을 위원장으로 하는 위원회는 학교수학을 종합적으로 조직하고 연속적으로 통합하는 방안으로, 함수적 사고를 중심으로 한 메란 교육과정을 제안하였다.

Klein은 함수는 단순한 수학적인 방법이 아니라 수학적 사고의 혼이요 심장이라고 주장하였다(Hamley, 1934, p.53). Klein은 '수학적인 관점에서 자연 현상을 이해하는 능력을 발달시키기 위해, 정신 발달의 자연스러운 과정과 밀접하게 조화되는 교수 과정을 구성하기 위해 그리고 한 단계에서 다음 단계로 진행하면서 학생들이 수학 교과의 연속성을 더 의식하게 만들기 위한' 원리로 함수적 사고를 강조하였다(Hamley, 1934, p.53). 그리고 '해석기하 및 미적분은 모든 중-고등학교의 정규과정에 도입되어야 한다'고 주장하였다(Klein & Riecke, 1904, p.7).

> 높은 학년의 학생들이 '이전 과정에서 이미 잘 익힌' 개념과 함께, 함수개념에 대한 기본적인 이해를 발전시킬 수 있도록 해야 한다는 요구 말입니다. 저의 목적은 그러한 이해를 위한 소재들이 Gymnasium의 6학년 이전 과정에서 도입되어 올바른 방법으로 단계를 높여 가면서 전체 수학 수업에 결정적으로 영향을 끼쳐야 한다는 것과 그리하여 기하학적으로 파악한 함수 개념이 그 외의 수업 내용에 효소처럼 침투해야 한다는 것을 확신하고 논의하는데 있습니다. 여기에는 해석기하학에 대한 고려와 미적분의 기초들 또한 포함되어야 합니다(Klein, 1904, p.4).

Klein은 함수 개념을 제대로 알지 못하면 대학의 전공 공부에서 한계에 부딪친다는 점을 경고하고 있다. 그 당시 물리 실험에 관한 기초 강좌는 수강생들의 수학적 기초 지식이 불충분한 관계로 형편없이 진행되었고, 그 결과 중요한 개념들이 이해되지 않은 경우가 대다수였다.

> 학생들은 함수 개념(또는 미적분 이론의 기본지식)조차 제대로 알지 못한 채 대학에 들어옵니다. 그 결과 그들은 자신의 전공 공부를 하는 데 치명적인 한계에

부딪히게 됩니다. 이와 같은 현상은 최근 통계나 보험제도 등의 문제가 부각되고 있는 시점에 법학도에게서 뚜렷이 나타나고 있습니다. 이 문제의 심각성은 보험관련 세미나를 통해 점점 불거지고 있습니다. … 심리학의 경우 사태는 더욱 심각합니다. 심리학에서 사태의 양적문제를 결정할 때에는 다소 복잡한 함수 이론이 전면에 부각되기 때문입니다(Klein, 1904, p.18).

Klein(1904)은 수학 교과 내용의 선정과 관련하여, 학교에서 가르치는 그 밖의 다른 교과목, 즉 일반 교육과정에 들어 있는 여러 교과목과 생동적인 관계를 갖도록 하는 내용이 선택되어야 한다고 생각하였다. 그는 상급학교 수학 수업의 대부분은 이론적인 내용을 다루고 있다고 하면서, 그 당시 수학 수업의 내용은 어떤 논리를 바탕으로 선택된 것도 아니고 아무 관련 없이 고립된 단원들의 나열에 불과하다고 비판하면서 통합개념으로서의 함수를 강조하였다.

다시 한 번 말하지만, 상급학교 수학 수업의 대부분은 이론에 대한 공부입니다. 수학 수업은 흥미롭기는 하지만 서로 아무런 연관이 없는 고립된 단원들을 나열할 뿐이며, 이 단원들은 어떤 논리를 바탕으로 선택된 것이라고 볼 수 없습니다. 오늘날 우리 사회에서 통용되는 수학에 관한 이해는 이런 방식으로 형성되었습니다. 수학은 처음부터 끝까지 기하학과 해석학에 의한 함수와 그것의 응용에 관한 이해로 구성되어 있습니다. 오늘 이 강연을 통하여 강조하고 싶은 점은 함수는 목적에 맞는 형태로 반드시 이론 수학 수업의 중심을 차지해야 한다는 것입니다(Klein, 1904, p. 15).

학생들은 자동 기록장치를 사용하면서 함수를 경험적으로 이해할 수 있으며, 상급반에 올라가면서 이미 익숙해진 수학적 사고 속에서 함수를 추출해 낼 수 있다. 단순히 비례 관계나 방정식과 그래프에서만 함수 개념을 강조해서는 안 되며, 학교수학의 모든 범위에서 함수가 중심이 되어야 한다. 새로운 추상적인 분야로서가 아니라 전체적인 교육 속에서 하나의 유기적 부분으로 단순하고 구체적인 예에서 서서히 시작하면서 함수를 가르쳐야 한다는 것이다(Klein, 1939, p.223).

메란 교육과정에서는 산술과 기하 전 영역에 걸쳐 함수를 중심으로 그 내용을 유기적으로 조직하고 있다. 먼저 계산과 산술에서는 인위적이지 않은 실제로 발생하는 상황들을 다루면서 일상생활의 과제를 통해 계산을 도입한다. 4학년(Unterteria)에서는 문자 공식을 통해 사칙 연산의 체계적인 종합이 이루어지며, 실제적인 예를 통해 상대적인 양의 개념(음수) 및 산술 법칙이 도입된다. 상대적인 양(음수)의 계산 규칙은 절대적인 양(자연수)의 계산 규칙이 자연스럽게 확장되도록 한다. 여기서 양의 변화를 통해 나타나는 함수적 성질을 지속적으로 강조하고, 음수의 양을 고려하면서 문자식의 값을 구하는 연습을 하게 한다.

Klein은 '함수적 사고'를 넓은 의미로 해석한다. 그는 기하를 함수적으로 취급하는 것에 대하여 다음과 같이 설명한다.

> 5학년(Oberterita)에서 함수 개념이 수업의 중심이 되도록 하고, 그 이후에도 중요한 아이디어로 남겨 두어야 한다. 로그 이론, 삼각법 등은 자연히 이 관점에 따라 정렬된다. 현대 기하학도 그러하다. 점의 관찰 가능한 이동과 변화의 개념은 학생들에게 함수 개념의 일반화를 깨닫게 한다. … 함수 개념은 우리에게 공간에서 계속 변화하는 구조로서 도형을 연구하는 멋진 기회를 준다(Klein & Schimmack, 1907, pp.128-129).

Klein(1905)은 메란 교육과정에서 기하를 통하여 함수적 사고를 함양할 수 있음을 주장하고 있다. 기하에서 도형의 요소의 크기 및 위치의 변화에 의해 생겨나는 변화를 끊임없이 고찰하여 함수적 사고를 함양해야 한다고 본다. 삼각형의 각의 변화와 대변의 길이의 변화와의 관계, 두 원의 상호간의 위치의 변화와 중심거리의 변화의 관계 등은 그 예가 된다. Klein은 기하를 통해 함수를 배우는 것이 얼마나 중요한가에 대하여 언급하면서, 도형이 변화한다는 생각은 매우 중요한 것이며 함수적 사고 교육에도 유익하다는 사실이 거의 고려되고 있지 않은 것은 애석한 일이라고 하면서, 이렇게 되면 연속적으로 변화하는 도형을 고찰하면서 공간 직관을 교육할 기회를 놓치게 된다고 말하고 있다(小林佐平, 1934, pp.297-298).

메란 교육과정의 7학년(Obersekunda) 수학 수업은 음수 및 분수 지수를 도입하여 멱의 개념을 확장하면서 함수의 그래프를 통해 자연스럽게 산술과 기하가 연결될 수 있는 기회를 갖게 한다. 그리고 8학년(Unterprima)에서는 기하와 물리(특히 역학) 분야의 여러 가지 예를 사용하여, 증가와 감소의 전체 과정에 따라 지금까지 등장한 함수를 종합적으로 고찰하도록 하였다.

Klein은 함수적 관계의 그래프 표현을 사용하여 가급적 조기에 함수 개념을 도입할 것을 주장하였다(Klein, 1939, p.4). 그래프로 표현된 함수 개념은 학교 수학의 중심이 되어야 한다고 확신하였으며, 그렇게 함으로써 수학 수업 내용이 형식적으로 이루어질 위험을 피할 수 있으며, 여러 내용 사이의 관련성을 확보할 수 있다고 보았다(Klein & Schimmack, 1907, p.34).

> 함수의 요소들을 그래프로 표현하는 일은 오늘날 모든 직업 분야에 퍼져 있다. 이는 모든 곳에서 수학적 사고가 나타나는 전형적인 형태이다. 정교한 학문들에서도 그러한 수학적 사고가 나타난다는 것이 잘 알려져 있다. 그러나 또한 그 밖에, 우리는 곡선이 기입된 xy-체계를 어디서나 마주치게 된다. 예를 들어 기압 곡선이나 그래프로 된 시세표가 떠오른다. 우리는 신문에서 항상 그러한 형태와 마주치게 되고, 그러한 형태가 없는 신문은 더 이상 만들 수도 없다. 그와 같은 표현의 시사적인 예는 그래프로 된 철도 기차 여행계획표이다(Klein & Schimmack, 1907, p.34).

함수의 그래프 표현은 기초적인 함수 관계라는 아이디어가 심리적으로 단순하고 초보적임을 보여준다. Klein(1904)은 함수적 사고가 여러 분야에서 실제로 매우 필요한 것임을 강조하는데, 예를 들어 함수의 그래프는 다음과 같이 물리에 응용될 수 있다.

> 먼저 Gymnasium 6학년 과정에 나오는 단순한 함수의 그래프를 살펴봅시다. $y=ax+b$, $y=x^2$, $y=\dfrac{1}{x}$와 같은 방정식 또는 삼각법은 다소 복잡한 연속함수와 이 함수에 대한 곡선을 나타냅니다. 이렇게 생겨난 곡선에 대한 그래프

> 는 여러 방면에서 응용될 수 있는데 그 대표적인 예로 물리학을 들 수 있습니다. … 예를 들어 낙하법칙을 물리학적으로 이해하기 위해서는 진자운동과 파장을 수학적으로 이해할 수 있어야 합니다. … 중요한 것은 낙하법칙이라는 기본 개념과 그 개념에서 파생된 의미들을 명확하게 이해하는 일입니다(Klein, 1904, pp.15-16).

Klein은 목적에 맞고 시대에 적절한 학교 수업을 위해, 중등교육의 어느 단계에서 함수 개념과 그것의 그래프 표현을 가르쳐야 할지 생각해야 한다고 말한다. 그는 학생들이 일찍 함수적 사고에 익숙해져야 함수적 사고를 완전히 습득할 수 있다고 생각하였다. 그래서 이전까지 Gymansium의 7학년(Obersekundar)에서 가끔 가르치거나 최상급반(Oberprima)의 마지막 학년에서 비로소 가르치던 함수를 보다 일찍 5학년(Oberterita)과 6학년(Untersekundar)에서 가르쳐야 한다고 주장한다(Klein & Schimmack, 1907, pp.36-37).

Klein(1939)은 학생들이 그래프 표현을 배울 때 학생들이 아주 새로운 것을 배우는 것으로 느끼게 해서는 안 된다고 하면서, 가장 쉬운 예에서 함수의 그래프 표현을 연습하도록 권고하고 있다.

> 함수의 그래프는 가장 쉬운 예에서 바로 연습되어야 한다. $y=3x-5$ 또는 $y=-x+2$와 같은 예로 말이다. 그리고 좀 더 시간이 지난 뒤에 수준을 올리려면, $y=x^2$ 그리고 $y=\frac{1}{x}$와 같은 것을 배워야 할 것이다(Klein & Schimmack, 1907, p.37).

메란 교육과정의 5학년(Oberterita)에서 간단한 일차함수의 그래프 표현이 등장하고 이를 통해 방정식을 풀게 한다. 6학년(Untersekundar)에서는 직선과 포물선의 교점을 통해 한 개의 미지수를 갖는 이차방정식을 해결하고, 경험적으로 발견된 관련성을 도해하는 도구로 그래프를 고찰한다. 특히 로그 학습에 있어서 진수와 로그의 상호종속성을 그래프를 통해 이해하도록 하고 있다.[24] Klein에 따

24) Klein(1939, p.156)은 학교에서 로그를 소개하기 위한 단순하고 자연스런 방법을 간단히

르면, 함수를 그래프로 표현하면 그 의미가 분명해질 수 있다. 학생들은 변수가 변하는 것을 그래프를 통해 예상하고 친숙하게 함수를 알게 되는 것이다. 함수의 그래프를 통해 곡선의 기울기와 곡선 아래의 넓이의 개념을 구체적인 예를 통해 생각하도록 한다. 이러한 개념들을 통합적으로 다루면서 무한소 미적분에 입문할 수 있다. 누구나 이해할 수 있는 단순한 것을 다루도록 하여 학생들이 분명하게 무한소 미적분을 이해하도록 하는 것이 핵심이다(Klein, 1939, p.223).

Klein은 함수 개념이 미적분으로 자연스럽게 연결된다고 보았다.[25] Klein은 함수적 사고를 숙달시킨 결과를 이용하여, 모든 종류의 학교의 수학 교재에 초보적인 미적분학을 도입하고, 역으로 미적분학을 통해 함수적 사고를 통한 교양을 완성하여 미적분학이 근대의 인간에게 여러 측면에서 가치 있는 교양이 될 것을 희망하고 있었다(小林佐平, 1934, p.302).

Klein(1904)이 학교수학의 조직 원리로 생각한 함수적 사고는 미적분학에서 자연스럽게 발전될 수 있다고 보았다. 수학의 내적 중요성뿐 아니라 응용에 있어서도 역학을 시작으로 하여 모든 과학에서 미적분학의 개념이 사용된다. 미적분학은 본래 역학이나 물리학의 개념에서 발생한 것이기 때문이다. 미적분학의 초

소개하고 있다. 첫 번째 원칙은 새로운 함수를 소개하기 위한 적절한 근원은 이미 알고 있는 이차곡선이라는 것이다. 이 원칙에 따라 오른쪽 그림과 같이 쌍곡선 $\eta=\dfrac{1}{\xi}$ 과 $\xi=1$과 $\xi=x$ 사이에 곡선 아래 부분의 넓이를 x의 로그라고 정의하자.

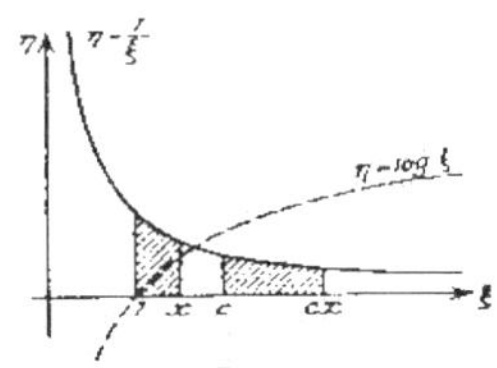

넓이가 ξ에 따라 바뀜을 알 수 있고 근사적으로 곡선 $\eta=\log\xi$을 그릴 수 있다. 그리고 다음과 같은 넓이에 대한 식을 생각하여 덧셈 정리를 전개하고 있다.

$$\int_1^x \frac{d\xi}{\xi}=\int_c^{cx}\frac{d\xi}{\xi}$$

이것은 1과 x사이의 넓이는 c와 cx 사이의 넓이와 같다는 것을 의미한다. 이것으로부터 다음 정리가 나온다.

$$\int_1^{x_1}\frac{d\xi}{\xi}+\int_1^{x_2}\frac{d\xi}{\xi}=\int_1^{x_1}\frac{d\xi}{\xi}+\int_{x_1}^{x_1\cdot x_2}\frac{d\xi}{\xi}=\int_1^{x_1\cdot x_2}\frac{d\xi}{\xi}.$$

25) 함수적 사고는 1900년 이후 개혁 논의에 근거였으며, 미적분학을 위한 최선의 준비로서 공간 직관을 주장하던 많은 개혁가들은 함수에 대한 많은 양의 내용을 요구하였다.

보적인 개념은 19세기 중반에 물리학을 시작으로 해서 통계학 및 보험수학에 이르기까지 과학적 연구의 모든 영역에 점차 완전히 영향을 미치게 되었다. 따라서 미적분학은 일반교양 측면에서도 중요하며, 함수 개념의 발전을 위해서도 필요한 것이다.

> 미적분학은 수학교육의 중심적인 위치에 있을 만한 가치가 있고 중요성이 명백한 아이디어인 함수를 기초적으로 그리고 충분히 다루면서 자연스럽게 발생한다. 게다가 미적분은 수치적 물리적 현상의 이해를 위해 필수적이다. 그리고 정신도야라는 관점에서 수학교육의 근본적인 요소이다(Klein & Schimmack, 1907, p.115).

Klein은 우리 주변을 둘러싸고 있는 자연의 가장 단순한 합법칙성을 이해하기 위해서 반드시 미적분을 알고 있어야 한다고 하면서(Klein, 1902, p.139), 실업학교의 상급반에도 기본적인 미적분학을 도입할 것을 적극 주장하였다. 또한 메란 교육과정의 8학년(Unterprima)에서는 기하와 물리 분야의 여러 가지 예를 사용하여 지금까지 등장한 함수를 종합적으로 고찰하도록 하고 있으며, 무한소 해석학의 기본적인 개념을 취급하도록 권고하고 있다.

함수는 변화 속에 존재하는 법칙성을 연구하는 것으로, 존재하는 두 현상 간의 관계를 인식하는 것은 과학적 지식의 기본 형식이다. Klein은 직관적인 방식으로 곡선에 의해 표현된 함수를 이해하지 못하면 근대 문화의 수학적 기초를 이해할 수 없다고 보았다. 함수적 사고의 광범위한 응용적인 측면도 마찬가지로 중요한 것이다.

Klein은 정신도야는 개념적 사고방식에서 찾아야 한다고 하면서 함수적 사고 습관의 도야를 강조하였다(Hamley, 1934, p.53). 수학교육에서 정신도야의 실현은 개념적 사고, 특히 함수적 사고를 통해 이루어질 수밖에 없다는 것이다. 학교에서 배우는 함수적 사고는 단순한 기술적 도구가 아니라 학생 장래의 모든 생활에서 기본적인 교양이 되어야 하는 것이다.

Klein은 형식과 함수적 사고를 바탕으로 하는 수학적 사고를 강조하여 이론적인 수학과 실제적인 수학을 통합하고, 수학과 자연과학의 관련성을 강조하였다. 특히 수학의 형식적 가치와 함수적 사고를 통한 정신도야를 강조하면서, 모든 사람을 대상으로 일반적인 교양 형성을 추구하는 수학교육 개혁을 실현하려 하였고, 메란 교육과정을 통해 이를 구체화하였다. Klein(1905)에 따르면, 학생들은 중등학교에서 사물에 담긴 중요한 측면을 깊은 정도까지 습득하고 다양한 분야를 실제적으로 이용하는 경험을 해야 하며, 이를 통하여 자연에 대한 정확한 지식과 현대 문명에 대한 수학적 의미를 통찰해야 된다. 특별한 직업에 요구되는 유용한 지식을 습득할 뿐 아니라 더 깊은 수학적 관점을 가져야 한다. 이를 위하여 Klein은 자연 현상과 일상의 생활 사태에서 출발하여 직관과 함수적 사고를 바탕으로 산술(대수)과 기하를 종합적으로 구성하는 방안을 메란 교육과정에서 구체화한 것이다.

V. 심성함양으로서의 함수적 사고

Klein은 1872년 기하학은 변환군에 의하여 불변인 성질을 연구하는 불변식론이라는 획기적인 주장을 한 Erlangen Programm을 발표하여 Euclid원론 이후 발달된 여러 가지 기하학을 통일적으로 정의한 수학자로 유명하다. 변환은 물론 군을 이루는 연산도 함수이며 임의의 군은 어떤 구조의 자기동형군과 동형이다. 함수 개념은 이와 같이 분리된 것으로 생각되던 수학의 여러 분야의 구조적 관련성을 드러내주는 강력한 통합개념일 뿐만 아니라 모든 수학적 개념의 바탕을 이루는 기초개념이다. Klein은 함수가 하나의 단순한 수학적 개념이 아니라 수학적 사고의 혼이요 심장이라고 생각하고 함수적 사고 교육을 중심으로 학교수학을 조직화하고자 하였다.

이러한 종합적인 수학관 아래 Klein은 수학에서 정신도야의 핵심은 개념적 사고에 있다고 하면서 '함수적 사고'를 강조하고 메란 교육과정에서 이를 구체화하고자 하였다. Klein은 일반교양의 함양을 위한 수학교육의 방편으로 함수적 사고 교육을 주장하였지만, 그 인간교육적 의미를 명확히 설명하고 있지는 않다. 이에 본 장에서는 '마음의 중층구조' 이론에 비추어 Klein의 수학교육론을 재음미하여 그의 수학교육 사상의 이면을 보다 명확히 드러내고자 한다. 그리고 '마음의 중층구조' 관점에서 교과의 내면화와 관련하여 함수개념의 이해를 통한 심성함양의 가능성을 논의할 것이다.

1. 마음의 중층구조에 비추어 본 Klein의 수학교육사상

20세기 초 Klein은 과학기술 및 산업 발전에서 비롯된 시대적 요구에 부응하여 수학교육 개혁 운동을 선도하였고, 함수를 중심으로 하는 새로운 수학교육과정을 만들어 오늘날의 수학 교육과정의 바탕을 제공하였다. Klein은 일반교양 교육으로서의 수학교육 이념 아래 수학의 이론적인 측면과 실제적인 측면을 통합하여 학교수학을 통해 현대 과학문명 및 문화의 바탕을 이해하게 하려고 시도하였다. Klein은 수학의 '형식'을 강조하고, 수학적 지식이 풍부하고 숭고한 지적 희열의 근원이라고 하면서 수학을 공부하는 과정에서 이루어지는 정신 도야를 강조하였다.

Klein의 이러한 주장은 수학적 지식의 교육이 심성함양이라는 가치를 지향할 가능성을 보여주었지만, 수학적 지식의 획득을 통한 심성함양과 관련된 구체적인 논의를 하고 있지는 않다. Klein은 위대한 수학자였지만 철학자나 교육학자가 아니었으므로 그러한 논의를 하는 데에는 한계가 있다고 할 수 있다. Klein의 수학교육 사상 이면에 있는 수학의 교양 교육적 의미를 심성함양이라는 측면에서 재음미하는 것은 국민 기초교육으로서의 수학교육의 교육적 의미를 생각해 볼 때 매우 필요한 것으로 생각된다. 따라서 이 절에서는 교과교육과 심성함양과의 관련을 설명하는 마음의 중층구조 관점에 비추어 Klein의 수학교육론의 의의를 수학의 형식과 응용과의 관계, 종합수학과 자연발생적 원리, (공간) 직관론, 함수적 사고교육론으로 나누어 논의하고자 한다.

(1) 형식과 응용

Klein은 교과의 '형식'을 강조하는 인문주의 전통의 기본적인 아이디어를 계승, 발전시키고 있다. 그는 수학은 형식의 과학이며, 수학의 교육적 가치는 수학 공부를 통해 이루어지는 정신의 훈련에 있다고 생각하였다[26]. 수학의 형식을 통하여 정신의 훈련을 강조하는 것은 지식의 구조를 강조하는 교육관과 상통하는 바가 있다. 구조중심 교육과정에서 강조하는 지식의 구조와 형식은 Platon의 '이데아'의 번역어로 사용될 수 있고 또 그와 같은 의미로 사용되고 있다(이홍우, 2000b, p.377). 우리가 사물을 이해하는 것은 그 사물의 구조나 형식을 보는 것이며, 사물의 구조나 형식은 우리가 그것을 통하여 사물과 현상을 파악하는 안목이라고 할 수 있다. 수학적 지식 역시 사물과 현상을 수학적 구조나 형식이라는 특정한 관점에서 파악한 것이다. 수학의 내용을 학습하는 것은 단편적인 정보가

---

26) Erlanger Antrittsred, 1872.

아니라 그 속에 내재되어 있는 지식의 구조를 획득해야 한다는 것이 구조중심 교육과정의 이념이다.

Klein이 수학의 형식과 수학 학습을 통한 정신도야를 강조하는 것은 사물이나 현상을 보는 틀로서의 수학적 지식을 강조한 것으로 볼 수 있다. Klein에게 있어서 수학은 각각 관련된 현상을 보는 개념적 수단이며, 수학을 배울 때 우리는 그 개념적 수단으로 관련된 현상을 '보는' 일을 배우는 것이다. Klein은 메란 교육과정에서 주변 현상계에 대한 수학적 관찰 능력을 발달시키고, 자연에 대한 정확한 지식과 현대 문명의 수학적 의미를 통찰하게 하려고 하였다. Klein에게 수학의 가치는 생활의 문제를 해결하거나 필요한 정보를 제공해 줄 수 있는가에 그치지 않고, 사물이나 현상을 파악할 줄 아는 안목을 가져다 줄 수 있는가에 의해 정당화된다고 말할 수 있다.

진정한 안목은 보는 사람 자신의 것이어야 한다. 내가 배우는 수학이 나의 안목이 되려면 그것이 나의 마음 속에 들어와 마음의 한 부분이 되어야 한다. 수학을 이해하는 것은 수학이 마음을 이루는 것이며 우리가 이해한 수학의 특징은 그것을 소유할 때의 마음의 특징과 다를 수 없다.

마음의 중층구조 관점에서 볼 때, 수학의 형식(또는 구조)을 통해 사물과 현상을 보고 판단하는 안목은 마음(형이상학적 마음)과 관련된다. 안목은 마음의 인지적 표현이다(이홍우, 2004a, p.164). 안목을 마음의 표현으로 이해할 때 안목은 마음이 가지는 모든 특징과 기능을 부여받게 된다.

수학의 형식에 의해 형성되는 안목이 마음의 표현이라는 점은 Klein이 말한 수학의 형식을 통한 정신도야를 심성함양과 관련지을 단서를 제공한다. 수학의 형식을 통해 정신을 개발한다는 것은 수학을 배움으로써 그것에 가정되어 있는 형식이 마음으로 들어와 마음의 한 부분이 되어 세상을 보는 안목으로 표현되는 것을 말한다고 볼 수 있다.

Klein은 수학의 형식이 수학의 응용을 통해서만 실현될 수 있다고 주장하면서 형식에 대한 이해가 바탕이 되는 응용을 강조하였다. Klein에 의하면, 순수수학은 응용수학을 포함하여 수학의 분리된 분야들을 결합하고 종합하는 틀이 된다(Pyenson, 1983, p.56). 마음의 중층구조의 관점에서 볼 때, 교과로서 수학은 형식의 표현으로서 응용과 응용의 원천으로서의 형식이 표면과 이면으로 결합된 구조로 파악할 수 있다. 수학의 형식과 응용은 별도로 존재하는 것이 아니라, 형식은 응용을 통해서 실현된다. 마음의 중층구조에서 아래층은 위층을 구체적으로 드러내는 수단으로 존재한다. 수학의 응용은 수학의 형식을 물리적인 사실이나 자연 현상 또는 주변 현상에 표현하는 것이라 할 수 있다. 수학의 형식은 응용된 수학을 통해 추론되는 것이다. 수학의 형식은 수학의 응용을 통해 우리가 파악하려고 노력해야 하는 표준이라고 할 수 있다.

마음의 중층구조 이론에서 격물(格物)과 치지(治知), 규정적 판단과 반성적 판단은 동시에 일어나는 인식의 두 측면이지만, 사실상 개념을 사례나 현상에 적용하는 격물과 규정적 판단에 해당하는 인식 활동만이 있다고 할 수 있다. 수학의 형식을 추구하는 것은 수학의 개념을 응용하는 것을 통해서만 가능하다고 볼 수 있다. 또한 Klein이 수학에서 새로운 진리를 발견하기 위한 목적으로 응용과학의 발견적 가치를 강조한 것도 수학의 형식의 탐구가 응용수학에서 출발하는 것임을 말한 것으로 볼 수 있다.

Klein이 강조하는 수학의 응용에는 이미 형식이 가정되어 있으며 수학을 응용함으로써 그 형식이 실현된다. 형식을 통한 정신 도야는 형식이 가정되어 있는 수학을 여러 분야에 응용하는 과정에서 이루어진다. 수학의 응용을 통해서 형식을 실현한다는 것은 외부 사물과 현상을 다룸으로써 사물과 현상의 본질을 추구하는 것으로 볼 수 있으며, 이는 마음의 중층구조 관점에서, 사물로 나아가 그 이(理)를 추구하는 격물에 해당한다고 볼 수 있다. 다른 한편, 수학을 응용하면서 형식을 통해 정신이 개발되는 것은 바깥 사물을 다룬 결과 안목으로서 형식이 획득된다는 점에서 치지에 해당하는 것으로 볼 수 있다. Klein이 수학교육에서 형식과 응용을 강조하는 것은 인간의 이해는 현상에서 벗어날 수 없으며 바로 그 현상에서 출발하여 현상을 지극히 탐구해야만 한다는 것을 보여주고 있다고 볼 수 있다. Klein은 수학의 형식과 응용을 모두 강조하여 수학교육의 온전한 모습을 드러내려 하였던 것이다.

(2) 총체적 이해

Klein은 중등학교 수학은 평균 재능을 가진 인간 정신이 도달할 수 있는 수학으로서, 인류 문화에 대한 이해의 보편적 기초를 제공할 수 있어야 한다고 주장하였다. 그는 중등 수학교육의 이상적인 목적은 보편적 교양이라고 하면서, 수학은 하나의 유기체이므로, 그 각 부분이 능동적이고 생생한 관계 안에서 가르쳐져야 한다고 말한다.[27] 이러한 수학교육을 위해 Klein은 종합수학과 자연발생적 방법을 주장하였으며, 이것은 '총체적 이해를 추구하는 수학교육'이라는 말로 요약될 수 있다.

'총체'는 그것을 구성하는 요소가 있으며, 이 요소들이 관련을 맺고 있다는 것을 전제로 한다. 수학에는 다양한 분야가 있고 이 분야들이 서로 관련을 맺으면서 수학을 이루고 있다. 총체적 관점에서 Klein은 기하와 대수의 배타적이고 분리적인 수학교육을 비판하였다. 그와 같은 교육방식은 종합적인 관점에 기초한 응용을 통한 수학교육에 있어서 문제가 되었다. 보편적 교양 형성을 목적으로 하는 수학 수업은 상이한 사고방식을 밀접하게 관련시켜 수학의 각 부분이 생생한 관계 속에서 이해되도록 하는 것이다.

대수와 기하를 분리해 가르치는 것은 수학을 개별적 지식으로 이해하고 개념 또는 현상을 부분적으로 파악하는 것이라고 할 수 있다. 마음의 중층구조 관점에서, 교과를 배우는 것은 표면상 여러 가지 개념을 획득하는 과정이지만 그 이면에서는 여러 개념이 서로 관련을 맺어 가는 것으로서 개념의 총체인 형이상학적 마음에 다가가는 과정이라 할 수 있다. Klein의 종합수학은 개별적 지식을 종합하여 개념이나 현상을 총체적으로 이해하는 것이 중요하다는 주장을 담고 있는 것으로 볼 수 있다. 마음의 중층구조 이론에서 위층에 해당하는 형이상학적 마음은 실재를 분리되지 않은 있는 그대로의 전체, 곧 '총체'로 파악한다. Klein은 총체적인 관점에서 무구분의 성격을 가지는 종합수학을 추구함으로써 형이상학적 마음의 수학을 지향하고자 한 것으로 보인다.

또한 Klein은 교과의 심리와 논리가 조화롭게 하나의 총체로 통일되어야 함을

27) F. Klein and R. Schimmack(1907), Vorträge über den Mathematischen Unterricht an den Höheren Schulen

강조한다. 아동은 자신의 경험을 근거로 활동을 통해 수학을 재발견해야 하므로, 처음에 생활과의 관련에서 출발하여 점진적으로 논리적 완성에 이르게 하는 것이 바람직하다. 이러한 방법은 학습자로 하여금 현실을 수학적 수단으로 조직하는 지혜를 얻게 한다. Freudenthal(1983)은 수학은 상식으로부터 출발하여 내용과 형식의 교대 작용을 거치면서 점진적으로 형식화되어 가는 인간의 활동이라고 본다. 이러한 입장은 수학은 현상에서 출발하여 현상을 정리하고 조직하는 수단으로 논리적 완성에 이르게 한다는 학교수학의 인간화를 추구한 Klein의 입장과 상통하는 것으로 볼 수 있다.

Klein은 수학적 개념의 역사적 기원을 이해하는 것이 중요하다고 보았다. Klein은 역사-발생적 방법에 따라 아동의 자연스러운 소질을 고려하여 그 소박하고 원시적인 상태로부터 서서히 추상적인 형식화에 이르도록 해야 한다고 주장하였다. 역사적으로 통찰에 의해 습득되어 점진적으로 형식화되고 알고리즘화된 수학은 우리의 수학적 사고를 발달시키고 보다 높은 수준의 통찰이 가능하도록 한다. 역사적 발달 과정은 경험적 차원의 소박한 수학적 관념들이 추상적인 형식화를 통해 정련되는 과정이라고 할 수 있다. 추상적으로 형식화된 수학은 그 발달 과정의 모든 개념 분화와 관련성이 압축된 상태의 것이며, 그것을 온전히 이해하려면 압축된 최종결과만이 아니라 압축의 과정까지 받아들여야 한다. 이러한 입장에서 보면 Klein이 학교수학의 자연스러운 진정한 이해를 위해 역사-발생적 전개를 중시하는 것은 심성도야적인 의미가 큰 것으로 판단된다. 수학적 지식의 역사-발생 과정은 총체로서의 형이상학적 차원의 수학이 발현되고 인식되는 과정이라 볼 수 있기 때문이다.

(3) 직관적 이해

Klein은 수학교육에 있어서 일방적인 형식적 추상적인 접근 대신에 실제적인 교수와 (공간) 직관의 개발을 주장하였다. 수학 수업에서 학생들의 관심을 일깨우고 순수수학과 응용수학 그리고 수학과 다른 여러 분야의 통합을 위하여 기하학적 모델을 사용할 것을 권고하였다. Klein에게 있어서 공간 직관은 유기적인 수학을 이해하기 위한 기초일 뿐 아니라, 모든 수학적 관계를 초등화하는 방법이었다.

수학 학습은 직관에서 출발해야 한다는 Klein의 주장을 Kant의 이론에 비추어 생각해 볼 수 있다. Kant에 의하면 지식은 두 가지 원천으로부터 나온다. 하나는 표상을 구성하는 인식 능력인 감각이고, 다른 하나는 개념을 통해 대상을 인식하는 능력인 오성이다. Kant는 인식에는 개념과 함께 직관이 반드시 개입한다고 말한다. 대상은 먼저 직관에 의해 우리에게 파악되어 다양한 표상을 제공하며 개념적 사고를 거쳐 인식된다. 감각은 우리의 마음이 대상에 의해 촉발되는 방식에 따라 표상을 구성하는 능력이며, 감각에 의해 구성한 결과가 현상의 질료이다. Kant는 이러한 현상의 질료를 특정한 방식으로 정돈하는 선험적인 요소, 즉 현상의 형식에 해당하는 것이 존재한다고 논리적으로 가정할 수밖에 없다고 보았다. 그것이 감각 수준의 아프리오리인 시간과 공간이다. 시간과 공간은 마음의 능력인 감각의 형식이다. 특히 Kant는 '공간과 시간'의 존재를 수학을 통해서 설명하고, 수학적 지식은 개념에만 의존하는 것이 아니라 그와 동시에 직관에 의존해서 획득된다고 말한다.

Kant의 선험적 형식으로서의 시간과 공간을 Pestalozzi는 수와 형이라는 인식의 형식으로 파악하여 학교수학에서 직관을 중요시하였다. Herbart도 직관적인 학교수학을 위하여 수학교육을 물리교육과 연결할 것을 권고하였다. 서로 변화하고 있는 두 양 사이의 관계(현대적 의미에서 함수 관계)를 도입하고, 이를 위하여 물리학의 소재를 이용하고, 학생의 일상생활 및 수공예와 수학을 관련시켜야 한다는 것이다. 이러한 Kant의 인식론과 독일 교육사상가들의 정신은 Klein의 수학교육론의 바탕이 되었다고 할 수 있다.

Klein은 '수학이라는 나무의 삶은 직관이라는 가지와 논리적인 원리라는 뿌리 사이의 건강한 상호 작용에 달려있다'고 하면서 '수학을 이해하는 것은 나무의 현재 높이와 깊이가 어떻게 성장해 왔는지를 이해하는 것'이라고 하였다. 즉, 직관과 논리적인 형식은 모두 수학교육의 진보를 위한 필수적인 요소인 것이다.

마음의 중층구조에 따르면, 우리는 경험적 세계에 속해 있고 사물이나 현상에서 출발하여 그 바탕이 되는 형식을 인식하게 된다. 수학적 추론이나 판단 과정에서 직관이 제공하는 표상에 의존하지 않을 수 없으므로, 직관은 수학적 사고와 매우 밀접하게 관련된다. Klein이 직관을 강조하는 것은 수학의 형식은 현상에서 출발하되 인식의 선험적 형식인 직관에서 출발한다는 사실을 중시한 것이라 볼 수 있다.

Klein은 직관적인 관념에서 출발하여 추상을 증가시켜 정련해 갈 것을 강조한다. 경험적 차원에서의 소박한 직관에서 정련된 직관으로 나아가는 과정은 수학의 '형식'을 추구하는 과정이라 할 수 있다. 소박한 직관은 어떤 특별한 형식을 갖기 전의 수학적 감각 인상을 가리키는 것으로서, 그것을 정련해 가는 과정은 수학적 대상의 형식을 드러내는 과정으로 볼 수 있기 때문이다. Klein이 형식으로 가는 출발점으로 직관을 중시한 것은 단순히 감각인상을 중요시하는 것이 아니다. 소박한 직관이 정련된 직관으로 정련되어야 한다는 것은 그가 감각 인상에서 출발하여 형식 수학에 이르는 사고의 전 과정을 중요시하였음을 보여 준다.

(4) 수학교육과정의 조직

교육과정을 계획하는 일은 모든 학년의 수준을 통틀어 가르쳐야 할 수학적 개념 또는 원리들을 확인하고 그것을 각각의 학년 수준에서 어느 정도로 정확하고 치밀하게 가르칠 것인가를 결정하는 일이다. 여기서 수학적 지식의 핵심적인 아이디어를 학년 수준에 맞게 표현하는 일이 무엇보다도 중요하다.

Klein이 보기에, 함수는 학교수학을 종합적이고 연속적으로 조직하게 하는 통합원리였다. Klein은 함수적 사고를 중심으로 메란 교육과정을 구성하였다. 메란 교육과정에서는, 상급학년으로 올라가면서 그래프를 사용하여 방정식을 풀게 하는 등 산술(대수)과 기하를 연결하고, 그래프로 표현된 함수를 강조하고, 함수의 그래프를 통해서 미적분의 기본 개념을 도입한다. 함수가 전체 수학 교육과정에 들어 있는 산술, 기하, 대수 등의 여러 내용과 나아가 물리나 경제 등 다른 교과목의 내용과 생동적인 관계를 갖도록 지도하고자 한 것이다. 그리고 한 단계에서 다음 단계로 진행하면서 학생들이 수학교과의 연속성을 더욱 의식하게 만들기 위해 통합개념으로서의 함수적 사고를 강조하였다.

Klein은 특히 그래프로 표현된 함수를 조기에 도입하고 교육과정에서 지속적으로 강조하였다. 대수화와 산술화가 엄밀한 수학적 사고를 가능하게 한다고 하더라고 그림을 그려서 생각하는 것은 매우 중요한 수학적 사고 전략이며, 시각화 기능 없이 수학을 의미 있게 전개하기 어렵다. Klein은 함수의 시각적 측면을 강조하여 함수를 가능한 한 그래프와 관련하여 생각하도록 함으로써 함수적 감각을 발달시키고자 하였다. 그리고 함수적 측면에서 기하 영역과 대수 영역의 내용 구성을 시도하였고, 다른 분야와의 관련성을 통해 수학의 응용을 강조하였다.

함수는 변화 속에 존재하는 법칙성, 자연의 가장 단순한 합법칙성을 드러낸다. 함수를 통해 우리는 자연과 현상에 대해 총체적으로 그 본래적 필연적 관련성을 이해하고 설명하고 기술한다. Klein이 함수 개념은 대응이라는 추상적인 정의가 아니라 종속성이라고 하는 Euler식의 관점에 따라 학교수학에 효소처럼 스며들게 해야 한다고 주장하는 것(Klein, 1939, p.221)은 함수의 이러한 본질을 중시한 것을 드러내는 것이다. 이러한 입장에서 보면, 여러 가지 변화하는 현실 상황 사이의 관계를 함수로 파악하고 조직하여 '자연의 함수적 합법칙성'을 인식하게 하는 것이 매우 중요하다. 함수 개념은 인간이 변화하는 현상을 설명하려는 노력의 일환으로 그 규칙성을 탐구하고, 다른 여러 가지 수학적 개념과 관련을 맺으면서 더욱 일반적인 개념으로 형식화되어 왔다. 따라서 함수적 사고는 학습자 스스로 구체적인 현실 나아가 자연현상의 정리수단으로 함수적인 아이디어를 사용하고 이를 의식화하고 형식화하며 다른 수학적 내용과 연결되고 통합되도록 교육되어야 한다.

Klein은 학교수학에서 함수 개념의 논의는 미적분법으로 자연스럽게 연결된다고 보고 학교수학에 미적분학을 도입할 것을 주장하였다. 미적분법은 변화 속에 존재하는 함수적 법칙성을 연구대상으로 하는 과학적 사고의 기본 형식이라고 할 수 있다. 小倉金之助(1937)는 과학적 정신의 양성이 과학교육의 목적이며, 그 목적 달성을 위해서는 함수를 철저히 습득하게 해야 한다고 주장하고 있다.

Klein은 메란 교육과정의 마지막 학년에 '역사적 관점과 철학적 관점에서의 회고'라는 항목을 두었다. 메란 교육과정에는 마지막 학년인 9학년(Oberprima)의 수학 수업의 궁극적인 목표로 다음 세 가지가 제시되어 있다.

첫째, 학교에서 다루어진 수학적 주제에 대한 학문적 개관
둘째, 수학적 이해 능력과 문제를 완벽하게 다루는 능력
셋째, 자연에 대한 정확한 지식과 현대 문명에 대한 수학적 의미 통찰

이러한 목표를 달성하기 위해서 그동안 배운 수학적 지식에 대한 역사적이고 철학적인 관점에서의 반성이 필요한 것이다. 메란 교육과정에서는 7학년에서 기본적인 함수를 다루면서 그동안 교육과정에서 제시된 곡선에 대해서 토론하도록 한다. 8학년에서는 다양한 예를 사용하면서 증가, 감소와 관련하여 그동안 등장한 함수를 종합적으로 고찰하도록 한다. Klein의 이러한 입장에 따르면 마지막 학년에서는 7학년에서 다루었던 로그 함수를 '역사적인 관점'에서 되돌아 볼 수 있을 것이다. 예를 들어, 로그함수의 역사-발생 과정 즉 로그표와 로그함수, 로그함수와 이차곡선의 관계, 즉 Napier의 로그 함수에 대한 아이디어, 로그의 덧셈 정리의 관계를 역사적인 관점에서 반성해 볼 수 있을 것이며, 나아가 자연현상에 내재된 법칙성을 보는 로그함수의 안목에 대해 논의할 수 있을 것이다(Klein, 1939, pp.147-150).

Klein에 의하면, 중등학교 시기는 사물의 중요한 측면을 깊은 정도로 습득하는 일반적 도야의 시기이다. Klein은 상급 학년으로 올라가면서 산술(대수)과 기하가 자연스럽게 연결되는 가운데 다양한 분야에 수학을 실제로 이용함으로써, 교육과정을 따라 배워 온 여러 개념을 종합하도록 한다. 그 과정에서 자연 현상과 현대 문명을 이해하는데 수학적 사고가 지니고 있는 중요성을 이해하는 것이 무엇보다도 중요하다고 보았다. 수학을 통해 자연 현상과 현대 문명을 이해하기 위해서는 학습한 여러 가지 개념을 가지고 우연적이고 상이한 것으로 보이는 여러 현상을 설명하는 원리나 법칙을 탐구하면서 사물이나 현상의 궁극적 의미가 무엇인지를 생각해 보아야 할 것이다. 그러므로 메란 교육과정의 마지막 학년에 제시된 '철학적 관점에서 회고'에는 수학을 통해 현상을 파악하는 규정적 판단과 함께 현상의 궁극적인 의미를 추구하는 행위로서 반성적 판단의 기회를 부여하려는 의도가 들어 있는 것으로 볼 수 있다. 이는 Klein이 학생들의 심성함양에 수학이 기여하도록 하는 교육적 방편까지 염두에 두었음을 말해주는 것이다.

2. 함수적 사고 교육과 심성함양

'마음의 중층구조'라는 관점에 따르면, 교과를 이해하는 것은 곧 교과가 마음의 한 부분으로 되는 과정이다. '이해'는 인식의 결과 주체와 객체의 구분이 없는 마음을 획득하는 것으로서, 교과 학습의 의의는 바로 이와 같은 이해의 성취에 있다.

특히 교과의 이해와 관련하여 마음의 운동을 설명하였던 「기신론」의 '훈습'과 성리학의 '격물치지'는 이해의 주관적 조건과 객관적 조건으로 인하여 마음의 변화가 일어나는 과정을 설명한다. 「기신론」에 의하면 '염법훈습'과 '정법훈습'은 각각 '무명'과 '망경계', '진여용'과 '진여자체상'이 원인과 계기가 되어 마음의 변화가 생기게 한다. 「기신론」의 관점에서, 어떤 현상을 이해한다는 것은 그 현상의 '논리적 원인'과 '사실적 계기'가 무엇이며, 두 개가 어떻게 결합되어 있는지를 아는 것이다. 성리학에서는 '격물'과 '치지'라는 인식의 객관적 측면과 인식의 주관적 측면의 끊임없는 상호작용을 통해 이(理)를 추구하는 과정을 설명한다. 인식의 주관적 측면과 인식의 객관적 측면은 각각 이해의 '원인'과 '계기'라 할 수 있다. 인식의 객관적 조건은 마음 밖의 계기로서 마음 '안'에 있는 원인이 '밖'으로 드러나는데 있어서 촉매제의 역할을 하며, 인식의 객관적 조건이 계기로 작용하지 않는다면 인식의 주관적 조건, 즉 원인은 드러날 수 없다. 그러나 계기가 아무리 작용해도 그것과 호응하는 원인이 갖추어져 있지 않다면 계기의 작용은 의미가 없다. 그러므로 「기신론」이나 성리학의 설명과 같이, 이해는 인식의 주관적 조건과 객관적 조건이 결합된 결과이다. 이 두 조건은 각각 서로 다른 것의 존재를 전제하며 양자 사이에는 선후관계가 있을 수 없다.

'마음의 중층구조' 관점에서, 함수가 이해되었다는 것은 함수 개념이 그 형태를 잃어버리고 우리의 마음이 되었다는 의미이다. 함수가 우리의 마음이 되는 과정은 함수를 이해하는데 있어서 주관적 조건과 객관적 조건이 서로 상호 작용하는 과정이라고 할 수 있다.

이에 본 장에서는 먼저 함수 이해의 주관적 조건과 객관적 조건에 대해 살펴보도록 할 것이다. 함수 이해의 주관적 조건에 대해서는 Piaget(1977)의 함수 인식론과 Fruedenthal의 함수의 현상학을 통해 살펴보도록 한다. 그리고 함수 이해의 객관적 조건으로서 현상과 교과로서의 함수에 대해 논의할 것이며, 형이상학적 마음의 현상적 표현으로서의 자연의 법칙성과 수학의 강력한 통합 개념으로서의 함수개념의 특성에 대하여 논의할 것이다.

본 장에서는 이러한 고찰을 통해 함수개념은 Klein이 주장하였듯이 수학적 사고의 혼이요 심장으로서 형이상학적 마음의 회복 곧 심성함양을 위한 매우 훌륭한 경로가 된다는 것을 논할 것이다.

(1) 함수 이해의 주관적 조건: 원인으로서의 함수

함수 이해의 주관적 조건은 함수 개념의 심리 발생론을 연구한 Piaget(1977)의 함수의 심리학과 인식론, 그리고 함수에 대한 심상 형성을 강조한 Freudenthal (1983)의 교수현상학적 분석에서 찾아 볼 수 있다.

Piaget는 함수라는 수학적 지식의 발생적 원천을 아동의 행동과 사고의 논리 속에서 찾는다. Piaget는 지식과 사고의 본질을 내면화된 가역적 행동 곧 조작으로 보고 그 발생과정을 논의하고 있다. 그는 행동과 조작을 반복 가능하게 하고 일반화 할 수 있는 인지구조를 schèmes이라고 부른다. 그리고 지적 발달을 행동과 조작 양식의 발달, 곧 schèmes의 변화로 설명한다. 환경에의 적응과정에서 끊임없이 일어나는 인지적 균형의 파괴와 동화, 조절에 의한 새로운 균형화가 반복되는 schèmes의 끊임없는 재구성 과정이 인지발달이요 학습이다. Piaget에 의하면, schèmes의 재구성이 가능한 것은 조작으로 내면화되는 행동 schèmes이 일반적인 조정인자를 포함하고 있기 때문이다. 이들 조정인자는 류와 관계에 대한 기본적인 조작의 출발점이 되어 있는 행동 schèmes, 즉 결합과 분리, 순서화, 대응 등의 행동 schèmes으로 이루어져 있다고 보고 있다. 모든 조작적 행동은 어떤 요소를 결합하거나 순서화하거나 대응시키는 조정 작용을 전제로 한다는 점에서 이러한 조정인자를 이루고 있는 행동 schèmes은 매우 기본적이면 일반적인 특성을 가진다. 나아가 Piaget는 수학적 개념의 형성 과정을 조작적 schèmes의 구성과정으로 설명한다. 논리-수학적 개념은 대상으로부터의 단순 추상화에 의한 정적인 이미지가 아니라, 대상에 대한 주체의 행동의 일반적인 조정으로부터 반영적 추상화에 의해 구성되는 조작적 schèmes이다[28]. 논리-수학적 개념은 인식 주체의 외부 대상으로부터 직접 얻어지는 것이 아니라, 내면화되어 조작으로 변환될 수 있는 행동, 일반적으로 조정된 객관적이고 필연적인 행동과 관련 있다[29]. 수학적 개념의 형성 과정은 구체적 행동에서 시작하여 행동 schèmes이 내면화되고 조정되어 반영적 추상화에 의해 점진적으로 다양한 조작적 schèmes을 구성해 가는 과정이라고 할 수 있다. 보다 높은 균형을 향하여, 보다 높은 포괄적인 조작적 schèmes의 구성을 향하여 개념 영역을 증대시켜 가는 것이다. Piaget에 의하면, 논리-대수적 조작은 순수한 조작적 schème이고, 기하학적 조작은 표상적 schème이며, 함수적 조작은 인과율과의 관련성이 강한 조작적 schème이다. 어느 경우든 수학의 본질은 조작적 schème이다(우정호, 2000, pp.233-241).

특히 함수적 사고의 발생과 관련하여, Piaget는 어린 아동이 자신의 어떤 기본

---

28) Piaget는 사고를 조작적 측면과 형상적 측면으로 구분하는데, 조작적 측면은 행동이나 조작과 같이 상태의 변화와 관련되는 것이고, 형상적 측면은 지각이나 모방과 같은 상태의 정적인 표상과 관련되는 것이다. 이와 같은 사고의 두 측면을 일컫는 것이 각각 schème과 schéma이다. schème은 인지활동의 본질인 행동과 조작을 반복 가능하게 하고 그것을 일반화 할 수 있게 하는 행동과 조작의 일반적 구조를 가리킨다. schéma는 어떤 특정한 행동이나 조작의 결과의 단순화된 표상 즉 이미지이다. Piaget에 따르면, 수학적 구조, 개념, 증명 방법, 알고리즘, 명제, 정리 등 모든 것이 조작적 schème이다. 결국, 수학적 활동이란 schème을 구성하고 적용하는 것이라 할 수 있다.

반영적 추상화는 Piaget가 수학적 개념 형성의 메커니즘을 설명하는 핵심 개념으로 경험으로부터의 추상화 곧 단순 추상화와 대비된다. Piaget는 논리-수학적 개념 형성 과정을 보다 잘 드러내기 위해 논리-수학적 경험을 물리적 경험과 대비하여 설명하고 있다. 물리적 경험은 사물이 가지고 있는 성질을 경험하는 것이며, 논리-수학적 경험은 아동이 사물을 다루는 가운데 자신의 행동을 조정함으로써 보다 일반적인 인지 양식을 경험하는 것이다. 논리-수학적 경험을 통해 얻어지는 지식은 대상 자체에서 얻어지는 것이 아니라 대상을 가지고 수행한 '행동의 조정'으로부터 추상된 인지 양식이다(우정호, 2000).

29) Piaget는 '인식 주체'라는 개념을 상정함으로써 지식의 구성에 대한 객관성, 더 나아가 실재론적 요소를 가미하고 있다(Beth & Piaget, 1996). 인식 주체는 개인의 의식적인 자아를 가리키는 '심리적 주체'와 대비되는 것으로 동일한 발달 수준에 있는 모든 개인에게 공통적인 것이다. 우정호(2002)에 따르면, 심리적 주체와 구별되는 인식 주체를 상정하고 객관적이고 보편적인 수학이 인간 정신의 구성물이라는 주장이야말로 Piaget의 조작적 구성주의의 진수이다.

적인 행동 schèmes 가운데 대상 x, y를 동화하는 것은 x와 y사이의 종속 관계를 구성하는 것이라 보고, 그것을 '형성과정에 있는 함수'라고 부르고 함수 개념의 발생적 근원이라고 생각한다.[30] Piaget는 행동양식으로부터 관찰된 발생적인 함수를 이용하여 전조작기에 있는 아동의 사고를 설명한다. 그는 발생적 함수는 전조작적 수준(4-7세)과 조작적 수준에서 그 모습을 달리하면서 발달하는데, 전자를 '구성중인 함수(constitutive function)' 후자를 '구성된 함수(constituted function)'라고 부른다. Piaget에 의하면, '구성중인 함수'의 합성이 가능해지면, 합성에 대해 결합법칙이 성립하기 때문에 구성중인 함수의 체계는 카테고리로 구조화될 수 있다. '구성중인 함수'는 미래의 조작적 구조를 형성하는 모체를 나타내는 것이다(Piaget, 1977).

한편, Freudenthal(1983)은 심상의 구성과 사고수준의 비약을 통한 수학적인 안목의 변화, 현상의 정리수단인 본질로서의 수학적 개념의 발달에 관심을 가지고, 수학적 개념의 교수현상학적 분석을 시도하였다. Freudenthal은 본질과 현상의 교대작용을 통한 수학적 활동의 발달에 있어서 본질은 우선적으로 '심상'으로 구성되어야 한다고 주장하였다. 심상은 여러 가지 현상을 다루어 봄으로써 우리의 정신에 의해서 정신 속에 하나의 대상으로 구현된 것이며, 이것이 의식화 과정에 의해 형식화될 때 개념이 형성된다.

Freudenthal에 의하면 '…하면 할수록 …하다'는 표현이나 일의 자리 수와 십의 자리 수의 대응, 시제, 비교급과 최상급 등과 같은 언어의 구조는 함수적 사고의 근원이 된다. 아동은 기수법이나 명수법에 익숙해지기 전에 이미 언어적 구조의 함수적 관련을 경험할 수 있다. 어떤 모양을 포개는 것을 의미하는 사상에서도 함수의 원천을 찾아 볼 수 있다. Freudenthal에 따르면, 함수의 본질은 아동에 의해 언어 또는 행동으로 묘사되는 심상으로서의 함수적 '관련' 그 자체라 할 수 있다. 수학적 함수는 이러한 함수적 관련 자체를 수학적 관점에서 대상화하는 것에서 시작된다(박교식, 1992). 수학적 함수로의 수준의 상승은 심상으로

30) Piaget가 어린 아동의 행동 schèmes로 이루어진 아동의 논리를 '함수의 논리'라고까지 부르고 그것이 조작과 인과율의 근원을 이루고 있다고 해석하고 있는 것도 이러한 관점에서이다(Piaget, et al, 1977).

서의 함수가 대상화되어 대수기호나 그래프 등의 상징이 고안되면서 이루어진다.

Piaget가 '함수'라고 하는 수학 지식의 발생적 원천을 아동의 행동과 사고의 양식 속에서 찾는다면, Freudenthal은 아동의 언어나 행동으로 묘사되는 심상으로서의 함수에서 그 원천을 찾는다. Piaget와 Freudenthal에 의하면 어느 경우건 함수 개념의 근원은 인간 속에 깃들어 있는 마음이다. Freudenthal은 현대수학의 새로운 조직 개념인 카테고리에서 중요시되는 것은 대상이 아니라 사상이며, 카테고리의 정의도 사상만을 가지고 가능하며 대상은 사상의 보조 역할 밖에 하지 못한다는 점을 예로 들어 집합보다 사상과 함수를 중시하는 경향을 강조하고 있는 바, 이는 수학적 사고의 함수적 특성을 언급하고 있는 것으로 해석된다. 함수적 사고 교육은 학습자의 행동과 사고의 양식으로 학습자에게 이미 내재되어 있는 함수의 주관적 조건이 학습 과정에서 객관적 계기를 만나 수학적인 함수로 표현되도록 하는 것이어야 한다.

(2) 함수 이해의 객관적 조건: 계기로서의 함수

마음의 중층구조 관점에서 인식의 계기는 마음 밖에 존재하는 것이다. 우리는 현상의 세계에 속하며 현상을 벗어날 수도 없다. 현상은 우리의 인식의 발판이며, 우리 밖에 존재하는 현상은 인식의 계기로 작용할 수 있다. 「기신론」에 따르면, 인식의 대상이자 계기가 되는 현상(또는 사물)은 정도의 차이는 있어도 모두 진여를 감추고 있다고 보아야 하고 따라서 인식 대상 중 어떤 것이라도 훈습의 계기가 될 수 있다.

그러므로 현상은 함수 이해의 객관적 계기가 될 수 있다. 역사적 맥락에서 보면 함수는 여러 가지 변화 현상을 해석하고 설명하고 예측하기 위한 과정에서 발생하였다. 이것은 여러 가지 현상이 함수 이해의 계기로 작용하였음을 말해 주는 것으로 볼 수 있다. 따라서 함수의 이해 과정에서 원인으로서의 함수가 드러나게 하는 계기가 필요하다. 계기를 통해, 즉 함수의 이해의 객관적 조건을 통해 인식 주체의 뇌리 속에서 어렴풋하였던 발생적 함수 또는 심상으로서의 함수가 뚜렷해지는 것이다. 이해의 객관적 조건인 계기를 통해 인식 주체 속에 있는 원인으로서의 함수가 드러나는 것이다. 함수적으로 사고한다는 것은 계기로서의 함수의 작용으로 원인으로서의 함수가 발현되는 것과 다르지 않다. 현상을 계기로 하여 원인으로서의 함수가 발현하여 현상의 본질을 이해하는 함수적 사고가 가능해진다. 그러므로 수학교육에서 중요한 것은 함수 이해의 계기로 작용할 수 있는 적절한 현상을 제공해 주는 것이다. Freudenthal(1983)은 함수 교육은 실세계에 존재하는 함수로 조직될 필요가 있는 현상에서 출발해야 한다고 하였다. 이 역시 함수 이해에 있어서 적절한 계기의 중요성을 말하는 것이라 볼 수 있다.

한편, 「기신론」에 따르면, 현상(또는 사물) 속에 진여가 들어 있지 않은 것은 아니지만, 현상은 그 속에 들어 있는 진여를 적극적으로 보여주지 못한다. '우두커니 하나의 초목이나 물건에 마음을 쏟는 것이 어찌 학문이라 할 수 있겠는가'(乃兀然存心於一草木一器用之間 此是何學問)라는 주희의 말은 사물을 대상으로 하는 활동보다 의식적인 노력을 기울여 경전을 배우는 일이 중요함을 시사한다(박채형, 2002, pp.104-105). 경전은 현상에 비해 진여를 잘 드러내어 보여준다. 마찬가지로, 학습자의 사고 논리 속에 가정되어 있는 원인으로서의 함수는 적절히 제시된 교과 지식으로서의 함수를 계기로 해서 발현될 수 있다. 교과 지식으로서의 함수는 특별한 계기로서, 원인으로서의 함수가 효과적으로 발현될 수 있도록 조직한 것이기 때문이다.

(3) 통합개념으로서의 함수: 자연의 합목적성

마음의 중층구조 관점에 따르면, '개념'은 '이념'의 현상적 표현물로서의 지위를 지닌다. 지적 활동의 이면에는 형이상학적 마음인 이념이 있으며, 모든 일체의 지식은 이 하나 뿐인 마음인 이념이 대상에 따라 상이한 형태로 표현되는 것이다. 마음의 중층구조 관점에서, 함수개념 역시 형이상학적 마음의 현상적 표현이라 할 수 있다.

그런데 함수는 대수와 기하를 관련지어주고 응용수학을 포함하여 수학적 사고 전체의 바탕에 놓여있는 기본적인 수학적 사고로서, 모든 것을 종합하여 '이념'에 접근해 가는 것을 그 특징으로 한다고 할 수 있다. Klein은 Erlangen Programm에서 함수적 사고를 바탕으로 분리되어 있는 것으로 생각되었던 여러 가지 기하학 사이의 관련성을 파악하여 기하학을 정리하였다. MacLane과

Birkhoff(1967)는 대수적 체계를 덧셈과 곱셈과 같은 연산이 어떤 기본적인 규칙을 만족하는 임의의 원소의 집합으로 규정하고 있다. 유리수는 비라고 볼 수 있고 실수는 유리수의 수열의 극한으로 정의될 수 있으며, 비는 수나 양의 순서쌍에 대한 함수 (a,b)→a:b로 볼 수 있는 등 모든 수학은 함수적 관점에서 볼 수 있다. Freudenthal(1982)에 따르면, 함수는 사상, 변환, 치환, 연산, 작용소 등과 같이 다양한 이름으로 수학과 그 응용 분야의 도처에 존재하며, 이러한 명칭들은 필요와 기회에 따라 적절하게 사용된다.

함수는 수학의 밑바탕에 폭넓게 스며있는 기본적인 개념으로서 그 본질을 규정하기가 쉽지 않은 포괄적인 개념이다. 그럼에도 불구하고 함수는 변화하는 현실세계를 이해하기 위한 개념적 수단으로서 다양한 변화 현상을 '보기' 위해서는 통합 개념으로서 함수를 생각하지 않을 수 없다. 특히 변화하는 양 사이의 규칙성에 대한 분석은 함수의 가장 중요한 근원이다. 함수는 그 역사적 맥락에서 보면 자연계에서 일어나는 여러 가지 변화 현상을 해석하고 설명하고 예측하기 위한 도구로서 도입되었다. 그리하여 과학의 발전과 더불어 함수는 자연의 법칙을 탐구하여 기술하는 중심적인 도구로 사용되어 왔다(Bochner, 1963, Klein, 1972, Sierpinska, 1992). 함수에 대한 최초의 개념화는 역학을 연구하면서 운동을 나타내는 곡선과 관련하여 시작되었다고 할 수 있다(박교식, 1992, p.118; Bochner, 1963, p.184; Atkinson, 2002, p.107). 12세기 이후 자연철학 학파에 의해 자연의 운동법칙이 함수적인 형태의 법칙이 된다는 아이디어가 점차 무르익었으며(Youschkevitch, 1976, p.45), 14세기에는 독립 변량과 종속 변량에 대한 일반적 아이디어를 의식적으로 사용하고 있었다.[31] 17세기에는 계산수학의 급속한 발달, 기호 대수의 발명, 수 개념 확장 등을 통해 함수 개념 발달의 전기가 마련된다. 이들을 통해서 함수 개념이 '양'이 아니라 수 사이의 관계로서 도입될 수 있었고 함수가 해석적 식으로 다루어질 수 있는 토대가 마련되었다. 물

31) Oresme의 연구는 어떤 변화하는 양의 종속과 관련된다는 점에서 함수에 대한 초기 이론이라 할 수 있지만, 변화의 법칙 또는 함수적인 대응을 표현하는 대수의 언어가 부족하였다. 이러한 이유 때문에 Oresme의 연구는 더 중요한 발달을 이끌어 내지 못하였다(Boyer, 1942, p.10).

리적 양에 대한 수치 사이의 함수적 관계를 확립함으로써 자연의 양적 법칙에 대한 개념이 점차 확대되고 더욱 뚜렷하게 되었다. 동역학, 천체 역학 등 새로운 학문 분야가 개척되고 이들 분야에서 제기된 문제들, 곡선 운동과 운동에 영향을 주는 힘 사이의 관계 등이 주된 문제가 되었고, 이들 문제는 무한소 해석학의 여러 문제를 낳기도 하였다. 그 결과 함수가 새로운 방식으로 도입되기에 이른다. 함수가 언어적 기술을 통해서 소개되거나 그래프를 통해서 혹은 운동학적으로 설명되는 경우가 줄어들었고, 식을 통해서 함수를 다루는 방식이 전면에 떠오르게 되었다(Youschkevitch, 1976, p.51). Newton은 그의 스승 Barrow처럼 시간을 독립변수로 선택하였고 종속변수는 연속적으로 움직이는 양으로 해석하였다. 그러나 Newton의 함수 개념은 곧 추상적인 방향으로 변화하였다.[32] 곡선을 동점의 궤도로 간주하고 동점의 운동을 통해서 곡선의 성질을 규명하는 Barrow의 아이디어는 Newton의 의해 대수적인 성격으로 변형된다. Newton은 Descartes의 방식을 따라 곡선을 좌표체계와 관련지으면서 동점의 수직방향, 수평방향 운동을 대수적으로 표현하였다. 이러한 시도는 Newton이 유율법(method of fluxion)을 고안하는 계기가 된다. 물리적 운동에 대한 직관에 호소한 Barrow와 달리 Newton은 운동을 x와 y등과 같은 문자에 대한 조작, 즉 광범위한 계산 체계로 변환하였던 것이다.

이러한 함수의 기원과 역사에 대해서는 여러 저자들이 다양한 견해를 제시하여 왔으며 여러 가지 측면에서 연구되었지만, 역사적으로도 함수 개념은 여러 가지 개념들, 특히 대수와 기하의 통합개념으로 발전하였다고 할 수 있다. Boyer(1946)에 따르면, 역사적으로 함수 개념의 큰 발달을 가져온 단계는 대수와 기하의 결합에서 왔다. 그리고 함수의 역사적 발달을 통해서 볼 때, 여러 가지 수학적 개념들이 모종의 관계를 맺으면서 함수적 사고로 통합되어 변화하는 자연현상을 모델링하면서 자연과학의 바탕이 되었음을 알 수 있다. 운동이나 천체에 대한 연구 등과 관련하여 발생한 함수는 오늘날 수학이 응용되는 모든 분야에서 필요로 하는 가장 핵심적이고 기본이 되는 개념이 되었다. 함수는

32) Newton은 독립변수의 역할을 하는 것을 'flune'라고 불렀고, 종속 변수를 'related(relata)'라고 불렀다(김용운, 김용국, 1996).

주어진 현상이나 경험의 다른 측면들을 상보적으로 통합하여 보게 함으로써 어떤 원리의 모순을 해결하거나 보다 올바른 원리에 도달하도록 한다.

함수는 수학적 지식으로서 하나의 '총체'를 이루고 있다고 할 수 있다. '총체'라는 것은 그것을 구성하는 요소가 있으며 그 요소들이 어떤 방식으로든지 논리적 관련을 맺고 있다. 특히 함수는 대수, 기하, 확률, 통계가 관련을 맺는 통합개념이다. 따라서 함수는 집합과 함께 현대 수학의 대표적인 '통합 개념'이요 조직 개념이기 때문에 '새 수학' 이후 학교수학에서 강조되고 있는 것이다(우정호, 1999, p.357).

통합 개념의 성격으로서 함수는 수학적 지식의 상보적 특성[33)]과 관련하여 그 강력함을 엿볼 수 있다. Otte(2003)는 인식주체의 인지적 활동과 무관하게 '수학적 실재'를 정의하는 것이 불가능하다는 점에 근거하여 수학적 대상에 대한 상보적 접근을 제기한다. 인식주체는 인지활동에 의해 수학적 대상에 대한 표상을 획득하고 지식을 얻게 되는데 이 때 여러 표상들을 상보적으로 수용 할 경우에 수학적 대상에 대한 이해가 가능하다는 것이다. 학습의 측면에서, 인식주체의 상보적인 표상 획득은 각각의 표상이 수학적 대상 및 개념들과 서로 다른 종류의 관계를 확립하고 이를 바탕으로 인식주체는 높은 수준의 지식에 도달하게 된다는 것이다. 사물의 본질은 확정된 방식이나 단번에 모든 것을 나타내는 상징적 기호로 이론화하는 것은 불가능하며, 새로운 형식과 관점으로 본질 그 자체가 무한히

---

33) '상보성'이란 1927년 Bohr가 양자역학의 해석을 위한 틀로 도입한 개념으로 원자현상의 입자-파동 이중성 및 위치-속도 측정의 불확정성 등을 이해하는 인식론적 바탕을 제시하고 있다. 상보성 원리는 말하자면, 원자세계에서는 우리가 일상생활에서 경험하는 두 종류의 상반되는 명제가 동시에 성립한다고 보는 것이다. 서로 모순되는 두 관점을 상호보완적으로 합쳐서 사용할 때 원자현상을 이해할 수 있고, 그 중 어느 하나만으로는 설명할 수 없다는 것이다. 대표적인 예로 빛은 파동의 성질과 입자의 성질을 모두 가지고 있다. 빛은 파동의 성질이 나타날 수 있는 실험을 하면 파동성을 보이고, 입자의 성질이 나타날 수 있는 실험을 하면 입자성을 보인다. 상보성 원리는 이렇게 모순되는 현상을 이해하기 위하여 도입한 것으로 물리학에 대한 설명이라기보다는 인식론과 관련된다. Bohr에 따르면, 상보성 원리의 인식론적 의의는 관찰행위가 대상에 미치는 영향과 그에 따른 정보획득에 한계에 있다는 것으로, 이는 곧 관찰이 대상에, 동시에 대상이 관찰에, 영향을 주고 있다는 뜻이다. 실제로 물리학보다는 과학철학에서 상보성에 관한 논의가 많이 이루어지고 있으며, M. Otte를 비롯해 여러 학자들이 수학교육에서도 상보성 원리를 인식론의 관점에서 논의하고 있다.

드러나는 '과정'이라 할 수 있다.

결국 수학에서의 상보성은 수학의 발달은 서로 다른 관점에 의존한다는 것, 즉 이질적인 영역이 수학적 사고의 발달에서 중요한 역할을 한다는 것이다. 다시 말해, 이질적인 영역은 각자 상대 영역의 토대가 되고 동시에 상대 영역을 확장하는 역할을 하면서 수학적 사고의 발달을 유도한다는 것이며, 수학적 사고의 발달은 상보적으로 일어난다는 것이다[34].

Otte는 수학적 지식에 있어서, 이산과 연속 사이의 상보성, 산술과 기하 사이의 상보성을 기본적인 것으로 간주하며, 특히 학교수학의 관점에서 이러한 두 가지 기본 요소에 주목하였다(Jahnke & Otte, 1982, p.100, Otte, 1990, p.55). 수학을 이해하기 위해서는 기하와 대수의 상보성을 이해하는 것이 매우 중요하다는 것이다.

여기서 주목할 점이 기하와 대수를 통합하여 상보적인 시각을 갖는데 함수적 사고가 필수적이라는 점이다. 이를테면, $y=cx$는 여러 가지 방식으로 이해 될 수 있는데, y가 임의의 양이고 x가 기준이면, 이 등식으로부터 수가 나온다. 수 c는 y나 x 중 어느 하나에 의해서가 아니라 y와 x의 관계로 정의된다. 이렇게 수가 관계적인 특성을 본질적으로 보여주는 첫 번째 경우는 분수이다. c가 어떤 수라면, $y=cx$는 선형사상이나 비례관계를 정의하는 것으로 해석될 수 있다. 앞의 설명에서 수로서의 c는 관계에 의해 정해지며, 따라서 c를 고정시킨다는 것은 그 관계를 정의하는 것을 의미하며 독립변수를 정함으로써(정의역과 치역을 구별함으로써) 선형함수를 정의하는데 사용할 수 있다. 그러므로 c는 함수를 나타낸다(Jahnke & Otte, 1982, p.105). 가령 y가 직각삼각형을, x가 단위 정사각형을 나타낸다고 하자. 이 때 위의 설명에 따르면 c는 y의 넓이라고 정의할 수 있다. c를 일정하게 고정시키기 위해 오른쪽 그림과 같이 y를 그 빗변이 정사각형의 변의 길이와 같은 직각삼각형으로 간주하자. 그러면 고정된 c는 정사각형의 집합으로부터 특정 모양의 직각삼각형의 집합으로의 사상을 정의하게 된다. 이는 피타고라스의 정리에 대한 명확한 증명을 제공해준다. [그림 V-1]에서 I+

34) 이를테면, 무리수의 본질인 통약불가능성은 산술과 기하라는 두 이질적인 영역에서 상보적으로 발달하였다.

II=III이며 I, II, III의 닮음 때문에 $ca^2 + cb^2 = ch^2$이다. 따라서 $a^2 + b^2 = h^2$이 된다. 피타고라스의 정리는 정사각형을 직각삼각형으로 보내는 함수 c가 선형함수라는 사실을 말해준다. 여기서 함수적 사고의 강력함을 엿볼 수 있다.

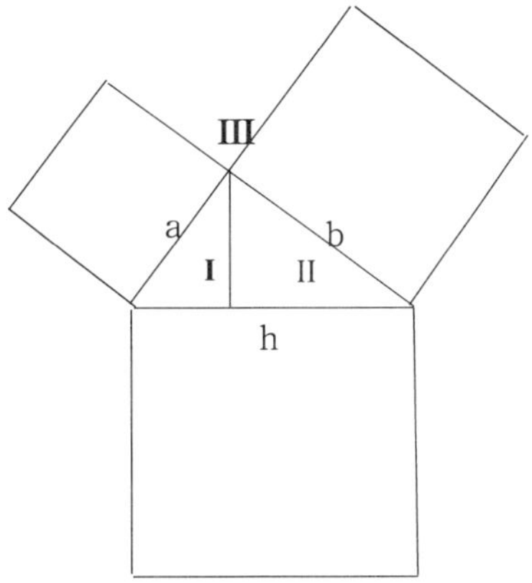

[그림 V-1] 피타고라스 정리

함수는 명시적으로 사용되는 분야에서뿐만 아니라 명백히 드러나지 않는 지식의 구조를 드러내는 데 가치가 있다. 예를 들어 음수를 기하와의 관계를 통해 도입하는 것에서도 함수적 사고의 이러한 힘을 볼 수 있다. 음수는 대수적 필요성에 의해서 출현한 개념이지만 좌표평면을 도입하고 도형을 방정식으로 나타내는데 의미있게 작용함으로써 수학에서 그 위치가 확고해졌다. 음수가 없이는 좌표평면과 함수의 그래프 및 도형은 반쪽만 나타내어지고 도형을 방정식을 나타내는데 한계를 갖는다. 예를 들어 $x \to x-3$, $x \to x+3$, $x \to 3-x$, $x \to 2x$ 와 같은 함수를 양의 범위에 한정하여 그래프로 나타내면, 직선의 일부분만 상으로 보여준다(Freudenthal, 1982, p.17). 그러나 음수를 받아들이면 모든 일차함수의 그래프는 직선으로 나타내어질 수 있다. 또한 원, 타원, 포물선 등 여러 가지 곡선을 방정식으로 나타낼 수 있게 되는 것이다. 다음의 두 그림에서 함수 $x \to 3+x$와 $x \to 3-x$의 그래프는 정수의 덧셈 $3+x$와 정수의 뺄셈 $3-x$를 나타낸다. 또한 원점을 지나는 여러 가지 일차함수의 그래프는 제 1, 2 사분면에서는 각각 양수×양수=양수, 음수×음수=양수 라는 것을 보여주며, 제 3, 4 사분면에서는 양수×음수=음수, 음수×양수=음수 임을 보여준다. 여기서 대수와 기하 및 함수 사이의 아름다운 조화의 모습을 볼 수 있다(우정호 외, 2004, p.106).

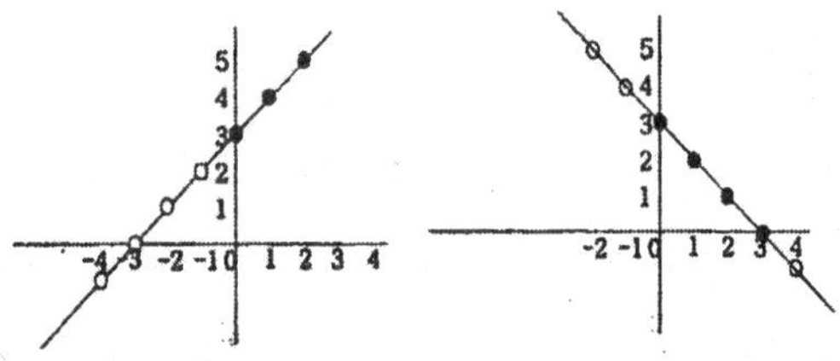

[그림 V-2] $x \to 3+x$와 $x \to 3-x$의 그래프

산술과 기하, 이산과 연속 사이의 상보적인 역할을 명백하게 보여주는 고전적인 예로 아킬레스와 거북이라는 제논의 역설을 들 수 있다(Otte, 1990, pp.55-58). 제논의 역설 속에는 이산과 연속이 상보적인 역할을 하면서 함수가 이러한 상보적 이해에 중요한 역할을 하고 그 모순을 해결하면서 보다 올바른 원리에 도달할 수 있음을 볼 수 있다[35].

35) 아킬레스가 거북이보다 10배 빨리 달리며, 거북이는 100미터 앞서서 출발한다고 하자. 제논은 운동을 시간과 위치의 관계로 파악하였다. 이러한 시간과 위치의 관계를 이산적 관계와 연속적 관계라는 두 가지 측면에서 접근함에 따라 제논의 역설이 제기된다. 제논은 위치관계를 이산적인 관계로 파악하였으며 아킬레스와 거북이의 위치관계는 다음과 같은 점화식으로 표현할 수 있다. 수열과 그 점화식 역시 함수이다.

$$x_0 = 0$$

$$x_{n+1} = \frac{1}{10}x_n + 100 \qquad \text{for } n = 0, 1, 2, \cdots$$

아킬레스가 x_n에 도착했을 때, 거북이는 $x_{n+1}(x_{n+1} > x_n)$에 도착한다. 제논은 이산적인 관점에서 운동을 취급하여, 연속적인 과정에 관한 지식 즉, 빠른 자가 느린 자를 따라잡는다는 것과 대립하고 있는 것이다. 이러한 이산적인 관점에서는 아킬레스는 오직 거북이가 지난 점들만 지날 수 있고, 그 점이 아킬레스가 도달할 수 있는 유일한 위치이다. 그러나 실제적으로 아킬레스와 거북이의 운동은 연속량인 거리와 관계를 갖는다. 아킬레스가 운동한 거리 x에 대해, 거북이는 다음의 거리를 가게 된다.

$$f(x) = \frac{1}{10}x + 100$$

아킬레스가 거북이의 처음 위치 $x = 100$에 도착했을 때, 거북이는 $f(100)$에 도착한다. 다시 아킬레스가 $f(100)$에 도착하면, 거북이는 $f(f(100))$에 도착한다. 이렇게 보면 점화식

'자연'은 이론적 인식을 포괄하는 개념이며, 경험세계 전체를 이해하기 위한 일체의 이론적 개념, 일체의 현상을 설명할 수 있는 '궁극적인 보편 개념', '절대 수준의 논리적 가정', '이념'이다. '이념'의 성격과 역할을 잘 보여주는 것이 자연의 '합목적성(Zweckmässigkeit)'이다. 총체로서의 자연은 하나의 '체계적 통일성(systematische Einheit)'을 지니고 있다(장발보, 2003). 이러한 논의를 통해 드러나는 사실은 함수 개념은 수학과 자연의 바탕을 이루는 기본 형식이며 자연의 합목적성을 여실히 드러낸다는 점이다. 함수와 함수로 표현되는 자연법칙은 인간이 본래 가지고 있는 내적 법칙의 외적 표현이라고 생각하면, Froebel(1900)이 언급한 다음과 같은 생각을 이해하게 된다. 수학을 탐구하는 것을 통해 인간의 외부세계 곧 자연 속에 어떤 질서가 있다는 것, 그러한 질서는 외부 세계와 전혀 무관해 보이는 순수한 정신 혹은 사유의 법칙으로 표현되는 것을 알게 된다. 그러한 앎을 통해 인간은 신비로움을 느끼고 그것이 가능한 이유를 생각하게 되며 이러한 인간 정신과 자연의 관련성에 대한 탐구는 인간과 자연에 깃들어 있는 영원한 법칙, 통일의 법칙, 신적 정신을 자각하게 한다.

함수는 수학과 자연현상에 대한 탐구로부터 '이념', '자연의 합목적성'에 도달할 수 있도록 하는 반성적 탐구를 가능하게 하는 지름길이 된다고 할 수 있다.

(4) 함수의 내면화와 형이상학적 마음의 회복

교과를 내면화한다는 것은 교과를 이루는 개념이 우리의 마음의 일부분이 되는 것을 의미한다. 마음의 중층구조 이론에서는 그 과정을 두 가지 방향의 마음의 운동으로 설명하였다. 마음이 사물로 나아가는 운동과 사물에서 마음으로 돌아오는 방향의 운동이 바로 그것이다.

앎에 대한 이 두 가지 방향의 운동에서 인식의 주관적 조건과 객관적 조건이

과 같다. 그러나 이 함수는 각 점에서의 함수값 뿐만 아니라 $f(x)$라는 전체적인 함수의 모습을 보여준다. 아킬레스는 자유롭게 위치 x를 지날 수 있으며, 자유로운 x의 위치에 따라 거북이의 위치가 함수의 그래프로 표현될 수 있고 아킬레스가 거북이를 앞지르는 순간을 나타낼 수도 있다. 함수를 통해 이산적 관계와 연속적 관계의 상보성을 고려할 때, 제논의 역설을 해결할 수 있는 것이다.

각각 원인과 계기가 되어 교과의 내면화를 가능하게 한다. 그러나 교과의 내면화를 설명하는 이 두 가지 방향의 운동은 별도로 일어나는 상이한 활동이 아니라 형이상학적 마음(실재)을 추구하는 하나의 활동의 상이한 두 측면이다.

격물치지론은 교과와 마음의 끊임없는 상호작용을 통해 교과가 마음이 되는 과정, 즉 이해의 과정을 설명하는 것이었다. 교과의 내면화는 원래 마음에 없던 것이 바깥에서 안으로 들어오는 과정이 아니다. 원래 마음에 없던 것이라면 바깥의 대상과 마음의 상호작용을 설명할 수 없다. 계기인 사물을 통해 원인인 마음의 이(理)를 추구하는 활동, 즉 궁리라고 지칭되는 한 가지 활동의 두 측면에 해당하는 격물과 치지는 확인할 수 없는 형태로 동시에 일어나는 끊임없는 순환과정이다(박채형, 2002, p.110). 이해의 과정은 앎의 주관적 조건과 객관적 조건 사이의 끊임없는 순환과정이다. 교과의 내면화는 앎의 두 조건 사이의 끊임없는 순환과정을 통해 우리의 마음에 이미 들어 있는 형이상학적 마음을 회복하는 것이다.

함수 교육의 의미 역시 이와 다르지 않다. 함수 교육에 있어서 중요한 것은 수학적 함수 개념을 학습하는 과정에서 학생들이 자신의 자발적 사고양식으로 가지고 있는 함수 관념을 발현하도록 하는 것이다. 함수 이해의 주관적 조건과 관련된 Piaget와 Freudenthal의 논의는 수학적인 함수 개념이 인식 주체의 외부 대상으로부터 직접 얻어지는 것이 아니라는 점을 시사한다. Piaget는 지식의 구성을 가능하게 하는 활동성 혹은 schèmes을 가정하는데, 이는 인식을 가능하게 하는 선험적 형식의 아프리오리를 가정하는 Kant의 입장과 유사하다. 인과율과의 관련이 강한 조작적 schèmes이 수학적 함수로 표현되는 것이다. Freudenthal에 따르면 함수의 본질은 아동에 의해 언어 또는 행동으로 묘사되는 심상으로서의 함수적 '관련' 그 자체이며, 수학적 함수는 이러한 함수적 관련 자체를 수학적 관점에서 대상화하는 것에서 시작한다. Piaget와 Freudenthal은 인식 주체자(학습자) 속에 원인으로 존재하는 함수가 현상을 외부적 계기로 하여 함수라는 지식을 배우면서 발현되는 과정을 설명한 것으로 볼 수 있다. 함수의 내면화는 현상을 계기로 하여 현상 속의 관계를 탐색하는 활동을 통해 현상에 내재되어 있는 규칙성을 발견하고 그것을 수학적 함수로 표현하여, 학습자 속에 뚜렷하게 드러나지 않은 채로 존재하고 있던 함수적 사고의 원천을 드러나게 하는 과정이다.

Nelson(1949)은 자연 속에서 인간의 마음은 언제나 외적 영향에 노출되어 있으며 외적 자극이 없는 마음의 발달은 있을 수 없다고 말한다. 그리고 인간의 마음은 그 자체 속에 철학적 진리에 대한 인식의 원천을 가지고 있으며, 이 진리에 대한 통찰은 외부의 자극에 의해서 마음속에서 일깨워지고, 철학적 진리에 대한 처음의 불확실한 상태가 외부 자극에 의해 분명한 지식의 상태로 자라나는 것이라고 말하고 있다.

함수를 이해한다는 것은 마음 밖의 함수개념을 획득하는 일임과 동시에 마음 안의 함수가 표현되도록 하는 일이다. 함수는 일상적인 삶에서 쉽게 그리고 언제나 적용되어 왔다(Georges, 1929, p.509). 매일의 기온의 변화, 자동차의 속도와 같이 시간의 변화에 따라 나타나는 다양한 현상, 하루 24시간, 1년 365일 같은 주기적인 변화는 그 대표적인 예이다. 삶 자체는 관계로 이루어져 있으며, 관계에 대한 연구는 세계와 자연의 법칙을 이해하는 수단이 된다. 현상의 요소 사이에 관계가 존재한다는 사실 인식은 삶과 세계에 대한 이해의 출발점이 된다.

현상 속의 변화를 인식하고 그 관계에 대한 법칙과 원리를 찾아내는 전형적인 수학적 지식이 함수이다. 함수는 주어진 현상, 일상생활 속의 사물에서 출발하며 그 속의 요소 간에 관계가 존재한다는 것을 보여준다. 함수를 통해 우연적이고 상이한 것처럼 보이는 현상들을 설명하는 하나의 법칙이나 원리가 드러난다. 예를 들어, 학습자는 함수를 학습하면서 이전에 관심을 갖지 못했던 온도와 가스의 부피 사이의 관계에 관심을 갖게 된다. 그리고 일정한 온도에서 가스의 부피는 압력에 반비례한다는 것을 알게 되고, p, v, k와 같은 기호를 사용하여 그 관계를 $pv=k$로 표현하게 된다. 이 관계는 다양하게 응용될 수 있는 수학적 법칙으로 재해석된다. 모세관 현상에서 고도나 기압은 관의 지름에 반비례하고, 빛에서 주어진 길이의 호에 대한 곡률은 반지름에 반비례하고, 같은 무게의 두 액체의 부피는 밀도에 반비례한다. 이 모든 것은 일반적인 식 $xy=k$으로 표현된다.

하나의 식으로 표현된 법칙이나 원리를 다른 현상과 관련지으면서 높은 수준의 법칙이나 원리를 새롭게 발견한다. 반성을 통해 이미 소유하고 있는 법칙과 그 표현을 의식의 대상으로 끌어 올려 그 현상과 관련된 본질을 볼 수 있는 것이다. 현상에 내재된 규칙성을 인식하여 질서와 조화의 아름다움을 느끼고, 그 규칙성을 다른 현상에 다시 적용하여 보다 보편적인 법칙을 발견하게 된다.

현상에서 출발하여 그 이면의 법칙을 발견하고 그것으로 다시 현상을 이해하는 과정에서, 우리는 이때까지 진실이라고 믿었던 상식의 오류를 깨닫고 세계 속에 질서가 있다는 것을 알게 된다. 무거운 물체가 더 빨리 떨어질 것이라고 생각하기 쉽지만, 낙하하는 물체의 시간과 거리 사이의 관계를 파악함으로써, 물체는 같은 속력으로 낙하한다는 것을 알게 된다. 그리고 물체가 낙하하는 현상 이면에 모종의 함수 법칙이 있음을 깨닫게 된다.

나아가 이러한 질서는 외부 세계와 무관해 보이는 순수한 정신 혹은 사유의 법칙으로 표현된다는 것, 즉 그것은 다름 아닌 인식주체자인 나 자신에서 출발한다는 것을 알게 된다. 소크라테스 방법의 정신처럼 '일상생활의 공통적인 사물로부터 시작하여 학문적 관점으로 나아가고'(Nelson, 1949, p.33) 반성을 통해 우리가 이미 소유하고 있는 지식을 의식의 대상으로 끌어 올리는 과정에서 자신 안에 있는 개념의 총체를 발견해 나가는 것이다. 함수를 배우면서 자연의 원리가 인간 정신의 사유의 법칙으로 표현됨을 보면서, 자연의 원리와 인간의 정신이 무관한 것이 아님을 깨닫게 되는 것이다.

함수적 사고 교육은 함수를 배우는 과정에서 사물이나 현상, 수학의 다른 분야를 함수적 관점에서 통합적으로 파악하는 능력을 길러주는 것이 되어야 한다. 함수 개념이 내면화되어 함수적 사고가 되면 그것은 우리의 안목이 되며, 세상을 보는 눈이 달라지고 마음의 변화가 일어나게 된다. 마음의 중층구조에 따르면, 개념은 이념의 현상적 표현물로서 지위를 지니며, 개념을 획득하는 사태는 곧 마음이 표현되는 사태이다. 함수 개념 또한 이념의 현상적 표현물이며, 함수 개념을 획득하는 것 역시 마음이 표현되는 것이다. 이념으로 돌아가는 길은 그것의 표현인 개념을 통할 수밖에 없으므로, 형이상학적 마음의 회복으로서 심성함양은 별도의 경로를 통해서가 아니라 함수와 같은 수학적 개념의 학습을 통하여 가능하다. 특히 함수는 여러 현상과 분야를 종합하는 총체적 이해를 가능하게 함으로써, 우리의 마음이 이념에 접근하는 지름길이 될 수 있다. 실재, 이념, 진여, 자연, 형이상학적 마음, 그러한 것을 여실히 보도록 하려는 것이 교육이며, 그것을 더욱 밝게 조명하기 위한 삶을 사는 것이 공부이다. 이상과 같은 고찰에서 드러난 사실은 수학적 지식, 특히 함수 개념은 자득, 이념 회복의 매우 훌륭한 경로가 된다는 점이며 그렇게 되도록 교육되어야 한다는 점이다.

Ⅵ. 요약 및 결론

수학은 고대 그리스에서 인간도야를 위한 교육적 소재로서 등장한 이래 오늘날까지 학교교육의 역사 속에서 주요 교과로서의 전통을 이어오고 있다. 그런데 근세 이후 과학 기술의 발달과 더불어 수학의 실제적 필요성과 중요성이 증대되고 수학은 개인의 성장과 국가의 발전에 필요한 지식이라는 사회적 통념이 그 교육적 가치를 정당화하면서 수학의 인간교육적 가치는 상실되기에 이르렀다. 더욱이 20세기에 들어서면서 Dewey의 실용주의 교육사상의 뒷받침을 받아 생활에 유용한 지식을 교육하려는 입장이 등장한 후, 문제해결과 응용 가능한 실제적 지식을 교육하려는 노력이 오늘날 수학교육의 주류를 이루고 있다고 해도 과언이 아니다. 그러나 학교수학의 내용은 여전히 실제적 문제해결과는 대체로 무관한 이론적 지식이 점하고 있다. 그럼에도 불구하고 학교수학은 생활의 문제를 해결하거나 과학 기술에 유용해야 한다는 것이 통념으로 널리 받아들여지고 있는 것이다. 이러한 통념은 수학교육을 통해 길러지는 마음을 생활 사태의 문제 해결에 필요한 능력으로 규정하는 한 극복되기 어렵다. 이 책은 생활의 문제를 해결하거나 과학 기술 개발에 유용한 도구적 지식 교육을 지향하는 이러한 오늘날의 수학교육에 대한 문제의식에서 출발한다. 이 책에서는 이홍우의 '마음의 중층구조' 이론에 비추어 본 교과교육론과 함수적 사고 교육을 중심으로 F. Klein의 수학교육론을 고찰하여 심성함양을 목적으로 하는 일반교양 교육으로서 수학교육의 의미를 재조명하고자 하였다.

이 책에서는 이를 위해 다음과 같은 연구과제를 설정하였다. 첫째, '마음의 중층구조'란 무엇인지 살펴본다. 이 관점에서 지식을 통해 마음이 형성된다는 것은 어떤 의미인지, 어떻게 마음의 형성이 가능한지 고찰하고 그에 따른 교과교육의 의미를 고찰한다. 둘째, 심성함양이라는 관점에서 전통적인 수학교육이 추구해 온 이념을 Platon과 Freobel의 수학교육론을 중심으로 고찰한다. 셋째, 현대적인 수학 교육과정의 기반을 구축한 F. Klein의 수학교육 이념은 무엇이며 가르치는 사태와 관련하여 그것을 어떻게 구현하고자 하였는지 고찰한다. 넷째, F. Klein의 수학교육론을 마음의 중층구조 이론에 근거한 교과이론에 비추어 분석하고, 심성함양으로서의 함수적 사고 교육의 의미를 고찰한다.

마음의 중층구조의 관점에 의하면, 마음은 경험적 마음뿐 만 아니라 형이상학적 마음으로도 존재하며 양자는 각각 마음의 아래층과 위층의 중층구조를 이루고 있다. 마음은 오직 하나이며 그것을 구분하는 것은 그 하나 뿐인 마음이 교육을 통해 보다 훌륭한 마음이 된다는 사실을 이론적으로 설명하기 위한 개념적 구분이다. 개념적으로 구분된 형이상학적 마음은 인식의 궁극적인 원천으로서 일체의 인식은 그 마음의 현상적 표현물로서의 지위를 지닌다. 지식은 아래층의 경험적 마음, 즉 개인이 가지고 있는 마음이 바깥 사물을 다룬 결과로 갖게 되는 마음의 표현을 가리키며 동시에 그 지식은 위층의 형이상학적 마음의 표현이며 나아가 형이상학적 마음을 회복하는 유일한 통로가 된다.

'마음의 중층구조'에 비추어 본 교과교육에 관한 논의는 실재의 형이상학적 지위를 새롭게 조명하여 형이상학적 마음인 위층을 가정함으로써 그동안 충분히 설명되지 못한 지식 교육의 목적이 심성함양이라는 사실을 설득력 있게 설명해준다. 특히 실재로서의 '형이상학적 마음'과 그것을 추구하는 마음의 운동, 즉 경험적 마음과 형이상학적 마음 사이의 운동을 설명함으로써 실재로서의 형이상학적 마음과 '경험적 마음'의 관계를 새롭게 설명한다. '마음의 중층구조'의 관점에 따르면, 교과를 이해한다는 것은 곧 교과를 이루는 개념이 마음으로 되는 과정이며, 인식의 결과 주체와 객체의 구분이 없는 마음을 획득한 것을 의미하는 것으로, 교과 학습의 의의는 바로 이와 같은 이해를 목적으로 한다고 할 수 있다.

'마음의 중층구조'의 관점에서 교과의 이해를 통해 마음이 어떻게 이루어지는지, 즉 교과를 통해 마음으로 가는 과정을 「대승기신론」과 성리학 그리고 Kant의 선험철학을 통해 살펴보았다. 「기신론」, 성리학, Kant의 선험철학에서 마음에 관한 논의는 마음의 중층구조 관점을 선명한 형태로 제시하며, 인식이 일어나는 과정에서 우리의 마음의 변화를 설명해주고 있다. 「기신론」에서는 '離念歸於眞如'와 '훈습'이라는 개념으로 교과의 이해와 그것을 통한 마음의 변화를 설명한다. 상념에서 진여로의 마음의 운동을 설명하는 '정법훈습'과 진여에서 상념으로의 마음의 운동을 설명하는 '염법훈습'이라는 개념은 마음이 어떤 것의 영향을 받아 어느 방향으로 운동하는 지를 설명한다. 마음의 운동은 상념이 진여가 되고 진여가 상념이 되는 마음의 변화를 의미한다. 정법훈습에서 진여의 측면인 진여자체상과 진여용은 훈습의 내적원인과 외적계기로 작용하여 이들이 상념을 진여쪽으로 향하게 하는 기준과 힘을 제공한다.

「기신론」에 따르면 개념적 사고는 우리가 진여에 이르기 위해 떠나야 할 것이면서 동시에 진여에 이르는 발판이 되는 것이기도 하다. '상념'은 모든 의미와 가치의 기준이 되는 형이상학적 근거를 그 내부에 갖고 있는 것이며, 이것은 '상념'이 '진여'에 합치될 가능성을 가진다고 말할 수 있는 근거가 되는 것이다. '정법훈습'에서 진여로 향하는 마음의 운동을 일으키는 원인과 계기는 별도의 외적조치에 의해 구해지는 것이 아니라 상념 그 자체의 성격에서 구해진다. 이는 형이상학적 마음을 지향하는 마음의 변화를 일으키는 원인과 계기는 교과 공부 즉 개념적 사고에서 출발한다는 것을 말하는 것이다.

한편, 성리학의 궁극적인 관심사는 경전공부를 통한 마음의 형성과정을 설명하는 것이다. 자득에 이르는 과정, 즉 道나 理가 경전을 계기로 하여 마음으로 되는 과정은 '격물'과 '치지'의 관계를 나타내는 두 가지 방향을 통해서 확인할 수 있다. 치지에서 격물로 나아가는 방향은 경전을 배우는 일이 마음속에 갖추어져 있는 理가 경전을 계기로 하여 외부적으로 표현되는 것이라 할 수 있다. 격물에서 치지로 나아가는 방향은 경전의 내용을 파악하는 과정에서 그 속에 들어있는 理를 획득하게 된다는 뜻이다. 결국 마음속에 갖추어져 있는 理가 경전을 계기로 하여 외부적으로 표현되는 바로 그 순간 경전 속에 들어있는 理가 획득된다는 것은 격물과 치지가 별도로 일어나는 두 가지 활동이 아님을 보여주고 있다.

격물과 치지는, '훈습'과 같이, 따로 떨어져서 일어나는 두 가지 별개의 활동이 아니라, '궁리'로 지칭되는 한 가지 활동의 두 측면에 해당한다. 道 또는 理는 교육을 설명하기 위하여 그 과정을 치밀하게 분석한 결과로 찾아낸 교육적 개념이라고 할 수 있으며, '자득'은 바로 그 道 또는 理에 의하여 설명되는 교육의 이상적인 경지를 가리키는 개념이라고 할 수 있다. '자득'이 방법의 측면에서 격물치지론으로 설명된다는 사실은 교과와 마음의 끊임없는 상호작용을 통해 교과가 마음이 되는 과정, 즉 이해의 과정을 설명하는 것이다.

Kant의 용어로 교과를 이해한 상태는 교과로 표현되기 이전의 순수주관성을 획득한 상태이다. '판단력'은 이해나 이성과 별도로 존재하는 능력이 아니라 개념과 이념, 그 양자의 역동적 양상을 설명하는 개념이다. 판단력에는 구성적 원리에 입각한 규정적 판단과 규제적 원리에 입각한 반성적 판단이 있다. '규정적 판단'은 이념에서 개념에로의 운동(개념의 획득)으로 마음의 표현을 가리킨다. 개념의 의한 판단으로 개념에 의해 사물을 파악하는 행위로서 보편에 특수를 포섭시키는 것이다. '반성적 판단'은 개념에서 이념에로의 운동으로 사물의 궁극적인 의미를 추구하는 행위로서, 특수에서 보편을 찾아내는 것이다.

'마음의 중층구조'라는 관점에 따르면, '개념'은 '이념'의 현상적 표현물로서의 지위를 지니며, '규정적 판단'은 '이념에서 개념에로의 운동'(즉 '개념의 획득')을 가리킨다고 말할 수 있다. 인식과 판단으로 표현되는 것이 있다면 그것은 곧 마음이며, 따라서 '이념에서 개념에로의 운동'은 '마음의 표현'을 가리킨다. 얼른 보기에 '개념의 획득'과 '마음의 표현'은 서로 방향이 다른 것처럼 보일 수 있다. 그러나 '마음의 중층구조'에 따르자면, 개념을 획득하는 사태는 곧 마음이 표현되는 사태이다. '구성'과 '규제'가 별도로 일어나는 것이 아니듯이 '규정'과 '반성' 역시 별도로 일어나는 일이 아니다. 양자는 인식의 두 측면으로 존재할 뿐이다.

'마음의 중층구조'에 비추어 Kant의 선험철학을 보면, 지적 활동의 이면에 형이상학적인 마음인 이념이 있다는 것, 모든 일체의 지식은 이 하나뿐인 마음인 이념이 대상에 따라 상이한 형태로 표현되는 것이라는 점을 드러내고 있다고 할 수 있다. Kant의 선험철학에는 인간은 결코 현상계로부터 벗어날 수 없다는 점, 현상계의 저편에 있는 이념이라는 것은 현상계와 떨어져 있는 것이 아니라 현상계 속에 그것의 논리적 가정으로 존재할 뿐이라는 견해가 반영되어 있다. 이념이나 실재라는 것이 아무리 좋은 것이라 하더라도 그것이 우리가 교과에 담겨있는 개념적 지식과 동떨어져 있는 것이거나 관련이 불명확한 상태로 있게 되면 실제적인 의의를 가질 수 없게 된다는 점을 말해주고 있는 것이다.

'마음의 중층구조' 관점에서, 교과(개념적 지식)는 언어를 통해 실재를 직접적으로 표현하고 있으며, 그 점에서 교과(개념적 지식)는 실재에 이르는 특별한 통로가 된다고 말할 수 있다. 지식은 개인이 가지고 있는 경험적 마음이 바깥 사물이나 현상을 다룬 결과로 갖게 되는 경험적 마음임과 동시에 또한 형이상학적 마음의 표현인 것이다. 형이상학적 마음은 개인의 마음이 지식을 획득할 때 바로 그 지식을 통하여 자기 자신을 표현하는 것이다. 형이상학적 마음은 그것의 표현을 통해서만 회복될 수 있다는 점에서 지식은 형이상학적 마음을 회복하는 유일한 통로가 된다고 말할 수 있는 것이다. 이러한 의미에서 교과교육의 목적은 심성함양, 즉 형이상학적 마음의 회복을 위한 형이상학적 마음의 추구라고 할 수 있으며, 교과를 배우는 것은 표면에서는 개념 분화를 이루어가는 과정이지만 그 이면에서는 무구분의 형이상학적 마음에 다가가는 과정이다. 그러나 '마음의 중층구조'에 비추어 본 교육이론에 관한 논의에서는 실천적 행위로서 교과교육과 관련하여 그 의미를 구체적으로 설명하지는 못하고 있다. 이에 따라 제 3 장에서는 제 2 장에 논의한 심성함양으로서의 교과교육의 의미에 비추어, 수학적 지식의 가치를 형이상학적 차원의 지향성으로 논의하였던 Platon과 Froebel의 수학교육관을 고찰하였다. 그리고 오늘날 수학의 실제적 유용성을 강조하는 교육적 논의에서 간과되고 있는 수학교육의 의미를 재음미하였다.

Platon과 Froebel에 따르면, 이데아 또는 신적 정신과 같은 형이상학적 마음은 교과를 이루고 있는 지식의 논리적 가정으로서 교과를 배우는 사람에게 그것의 존재를 일깨워 주고 그것에 대한 끝없는 동경을 불러일으킨다. 특히 형이상학적 마음을 지향하는 교육에서 이들은 수학을 매우 중요하게 생각하였다. Platon과 Froebel은 수학적 지식에는 경험적 마음과 형이상학적 마음이라는 두 차원의 지향성이 있다는 것을 인정하면서도, 그들에게 수학교육의 목적은 수학적 지식의 이해를 통해 형이상학적 마음을 지향하는 것이었다.

Platon과 Froebel에 따르면, 형이상학적 마음의 회복은 수학이라는 교과를 통해 개념의 세계에 입문함으로써 가능하다. 이데아나 신적 정신은 그것의 모사 또는 표현인 수학적 개념의 세계에 입문하지 않고서는 인식될 수 없는 것이다. 수학적 개념을 배우는 일은 우리 마음으로부터 형이상학적 마음을 발현시키는 일이다. 수학을 배우는 과정은 형이상학적 마음의 표현인 수학적 지식을 우리 마음에 채우는 과정인 동시에 우리 자신의 형이상학적 마음을 일깨우는 과정이 된다.

제 4 장에서는 20세기 초 수학교육 개혁 운동을 선도하여 현재의 수학교육 과정의 틀을 제시한 F. Klein의 수학교육론에 대해 고찰하였다. 20세기에 독일의 교육은 신인문주의의 지배 하에서 형식적인 일반교양으로서 전통적인 고전어 및 문학교육이 절대적인 우위를 차지하고 있었고, 이에 따라 시대적 진보와 교육 사이에 간극이 발생하게 되어 강력한 교육의 개혁 요구가 증가하게 된다. 또 Gymnasium에서는 인문교육으로서 형식적인 수학교육이, Realgymnasium에서는 실업교육으로서 수단적 의미의 실용주의적 수학교육이 이루어지고 있었다. 이에 Klein은 모든 교육기관에서 공히 추구해야 할 수학교육의 모습을 정립하기 위한 개혁 운동을 시작한다. Klein은 개혁운동을 통해 세 가지 중등학교의 동등한 지위를 보장하고, 인문교육과 과학교육을 통합하며, 응용수학과 순수수학을 통일하고, 중등학교 수학과 대학 수학의 연속적인 통일을 이루고자 하였다. 특히 Klein은 수학을 인간 지식의 다른 어떤 분야에도 구속되지 않는 인문학의 하나로 생각하였다. Klein은 수학을 통해 문명의 발달과 자연의 법칙을 이해하게 하여 인간의 정신적인 삶을 제고한다는 새로운 과학적 인문주의를 자신의 교육 개혁의 바탕에 두고, 학생들이 수학적 탐구를 통해 세계에 대한 이론적 철학적 성찰을 하면서 현대 문화를 이해하기를 원하였다.

Klein은 인문주의 전통 아래 학교수학의 '형식'을 강조함으로써 교육에서 사고훈련의 중요성과 그에 따른 이해와 안목의 중요성을 강조한다. 수학은 단순히 문제해결의 수단이 아니라 형식의 습득을 통한 정신도야의 기회를 제공해준다는 점에서 특별한 의미를 가지는 것이다. 교과의 형식적인 측면을 강조하는 Klein의 생각은 당시 독일의 신인문주의 전통의 형식적인 교육 사태를 비판하면서도 인문주의 전통의 교과관을 그 기본 아이디어를 살리면서 새로이 재음미하였다고 할 수 있다.

한편 Klein은 수학의 형식적인 가치 뿐만 아니라 수학의 응용적인 측면과 실용적인 측면 역시 강조하였다. 응용을 중시한 수학교육의 일차적 목표는 과학연구의 도구 제공이다. 그런데 응용수학이란 순수수학의 표현으로서 자연현상 혹은 생활현상에 '표현'된 수학이라 할 수 있으며, Klein에게 응용수학의 회복은 결코 실용주의적인 교육이나 단순한 기능 교육을 뜻하지 않는다. Klein은 학생들이 수학의 응용을 통해 수학과 현대 문화의 관련을 구체적으로 이해하고, 수학의 문화적 의의와 가치를 인식하기를 원하였다.

무엇보다 중요한 것은 수학교육에서 수학의 '형식'과 '응용' 모두가 존중되어야 하며 수업에서도 균형을 이루어야 한다는 점이다. 교과는 구체적인 내용의 집합이며 내용을 통해서만 형식을 가르칠 수 있듯이, 수학의 형식도 그 내용인 수학의 '응용'을 통해서 가르칠 수 있다는 것이 Klein의 생각이라고 할 수 있다. Klein은 수학교육의 온전한 모습을 드러내기 위해서는 수학의 형식과 응용 양자 중 어느 하나도 없어서는 안 된다고 생각한 것이다.

Klein은 자신의 수학교육 이념을 수학적 지식과 수학적 사고 형성과 관련하여 구체적으로 설명하고자 하였으며, 그의 교육원리를 통해 구체화하고자 하였다. Klein이 제시한 수학교육 원리를 종합수학과 자연발생적 방법, 직관 교육론, 함수적 사고교육론으로 나누어 살펴보았다. 종합수학과 자연발생적 방법은 학교수학을 내면적으로 종합, 유기적으로 통일하여 연속적인 하나의 유기체를 이루는 것이 목표로서 종합적 관점에서 학교수학을 조직하고자 한 것이다. Klein은 배타적이고 분리적인 교육방식을 비판하고 종합적인 관점 하에 수학을 이해할 것을 강조한다. 일반교양 교육적 입장에서 초등화된 새로운 소재로 해석기하학, 미적분학 등의 근대 수학의 기초를 포함시키고자 하였다. 수학을 가르치는 데 있어서 처음에는 실제적인 생활과의 관련성에서 출발하여 점진적으로 논리적 완성에 도달하도록 하였으며, 수학을 완성된 산물로서 가르치는 형식적인 수학교육의 결함을 극복하기 위하여 역사-발생적 원리를 제기하였다. 수학을 사고과정으로 보고 그 발생의 근원과 발전 과정을 수학 학습 및 지도에 반영함으로써 수학의 핵심적인 관점을 학습자가 이해할 수 있게 하려 한 것이다.

종합수학과 자연발생적 방법을 따르다 보면, 필연적으로 (공간)직관의 중요성이 부각된다. Klein은 형식적, 추상적인 접근의 대안으로 실제적인 교수와 (공간)직관의 개발을 주장하였다. Klein은 공간 직관을 수학적 인식에 있어서 가장 기초적인 것으로 중시하고 모든 수학적 관계를 초등화하는 방법이 공간적 표현을 이용한 직관화에 있다고 보았다. Klein은 수학과 응용 사이의 통합을 위하여 그리고 현실에 얽매이지 않는 순수한 창의력을 형성하기 위해 기하학적 모델의 사용을 권고하였다. '소박한 직관'과 '정련된 직관'이라는 개념을 도입하고, 수학교육에 있어서는 정련될 수 있는 직관적인 관념에서 출발할 것을 강조하였다.

Klein에게 있어서 함수적 사고는 학교수학을 종합적으로 조직하고 연속성을 가능하게 원리로서 산술(대수)과 기하 전 영역에 걸쳐 함수를 중심으로 내용을 유기적으로 조직하고자 하였다. 그리고 함수적 사고는 미적분법에서 자연스럽게 발전할 수 있다고 보았으며, 우리 주변을 둘러싼 자연의 단순한 합법칙성 이해하기 위해서 반드시 필요하기 때문에 미적분법을 학교수학에 도입할 것을 적극 주장하였다.

Klein은 함수는 하나의 단순한 수학적 개념이 아니라 수학적 사고의 혼이요 심장이라고 생각하고 함수적 사고 교육을 중심으로 학교수학을 조직화하고자 하였다. 이러한 종합적인 수학관 아래 Klein은 수학에서 정신도야의 핵심은 개념적 사고에 있다고 하면서 메란 교육과정에서 이를 구체화하고자 하였다. Klein은 일반교양의 함양을 위한 수학교육의 방편으로 함수적 사고 교육을 주장하였지만, 그 인간교육적 의미를 명확히 설명하고 있지는 않다. 이에 제 5 장에서는 '마음의 중층구조' 이론에 비추어 Klein의 수학교육론을 재음미하여 그의 수학교육 사상의 이면을 보다 명확히 드러내고자 하였으며, 함수개념의 이해를 통한 심성 함양의 문제를 고찰하였다.

수학의 형식을 통하여 정신의 훈련을 강조하는 것은 지식의 구조를 강조하는 교육관과 상통하는 바가 있다. Klein에게 수학의 가치는 형식을 통해 사물이나 현상을 파악하는 안목을 제공한다는 점에 있었다. 마음의 중층구조 관점에서 수학의 형식에 의해 형성되는 안목이 마음의 표현이라는 점은 Klein이 말한 수학의 형식을 통한 정신도야를 심성함양과 관련지을 단서를 제공한다. 수학의 형식을 통해 정신을 개발한다는 것은 수학을 배움으로써 그것에 가정되어 있는 형식이 마음으로 들어와 마음의 한 부분이 되어 세상을 보는 안목으로 표현되는 것을 말한다고 볼 수 있다. 또한 교과로서 수학은 형식의 표현으로서의 응용과 응용의 원천으로서의 형식이 표면과 이면으로 결합된 구조로 파악할 수 있다. 특히

Klein이 수학교육에서 형식과 응용을 강조하는 것은 인간의 이해는 현상에서 벗어날 수 없으며 바로 그 현상에서 출발하여 현상을 지극히 탐구해야만 한다는 것을 보여주고 있다고 볼 수 있다.

수학은 하나의 유기체로서 그 각 부분이 능동적이고 생생한 관계 안에서 가르쳐져야 한다. 이러한 수학교육을 위해 Klein은 종합수학과 자연발생적 방법을 주장하였으며, 이것은 '총체적 이해를 추구하는 수학교육'이라는 말로 요약될 수 있다. Klein의 종합수학은 개별적인 수학적 지식을 종합하여 수학과 현상을 총체적으로 이해하는 것이 중요하다는 주장을 담고 있는 것으로, 대수와 기하를 분리하여 가르치는 것은 수학을 개별적 지식으로 이해하고 현상을 부분적으로 파악하는 것이다. Klein은 총체적인 관점에서 무구분의 성격을 가지는 종합수학을 추구함으로써 형이상학적 마음의 수학을 지향하고자 한 것으로 보인다.

Klein은 아동이 자신의 경험을 근거로 활동을 통해 수학을 재발견하여 점진적으로 논리적 완성에 이르도록 하여 학교수학의 인간화를 추구한다. 역사적 발달과정은 경험적 차원의 소박한 수학적 관념들이 추상적인 형식화를 통해 정련되는 과정이라고 보고 수학을 온전히 이해하려면 압축의 과정까지 받아들여야 한다는 입장에서 역사-발생적 전개를 중시하였다. 수학적 지식의 역사-발생 과정은 총체로서의 형이상학적 차원의 수학이 발현되고 인식되는 과정이라 볼 수 있기 때문에 역사-발생적 전개는 개념적 이해를 심화시킴으로써 심성도야적인 의미가 큰 것으로 판단된다.

수학 학습은 직관에서 출발해야 한다는 Klein의 주장을 Kant의 이론에 비추어 생각해 볼 때, 수학의 형식은 현상에서 출발하되 인식의 선험적 형식인 직관에서 출발한다는 사실을 중시한 것이라 할 수 있다. Kant의 인식론과 교육에서 직관을 강조하였던 Pestalozzi, Herbart 등의 독일 교육사상가들의 정신은 Klein의 수학교육론의 바탕이 되었다고 할 수 있다. Klein은 직관적인 관념에서 출발하여 추상을 증가시켜 정련해 갈 것을 강조한다. 경험적 차원에서의 소박한 직관에서 정련된 직관으로 나아가는 과정은 수학의 '형식'을 추구하는 과정이라 할 수 있다. Klein이 형식으로 가는 출발점으로 직관을 중시한 것은 단순히 감각인상을 중요시하는 것이 아니라 감각 인상에서 출발하여 형식 수학에 이르는 사고의 전

과정을 중요시하였음을 보여 준다.

Klein이 보기에, 함수는 학교수학을 종합적이고 연속적으로 조직하게 하는 통합원리였으며, Klein은 이러한 함수적 사고를 중심으로 메란 교육과정을 구성하였다. 그래프로 표현된 함수를 조기에 도입하여 지속적으로 강조하였으며, 함수적 측면에서 기하와 대수 영역을 구성하고 다른 분야와의 관련성을 통해 응용을 강조하였다. 그리고 메란 교육과정의 마지막 학년에서 '역사적 관점과 철학적 관점에서의 회고'라는 항목을 두어 수학에 대한 학습자의 반성을 강조하고 있다. 이것은 수학을 통해 현상을 파악하는 규정적 판단과 함께 현상의 궁극적인 의미를 추구하는 행위로서 반성적 판단의 기회를 부여하려는 의도가 들어 있는 것으로 볼 수 있다. 이것은 Klein이 학생들의 심성함양에 수학이 기여하도록 하는 교육적 방편까지 염두에 두었음을 말해주는 것으로 볼 수 있다.

그러나 Klein은 이와 같이 함수를 중심으로 메란 교육과정을 통해 자신의 수학교육 사상을 실현하고자 시도하였지만 심성함양과 관련된 교육적 논의는 명확히 하고 있지 않다. 따라서 Klein의 수학교육의 이념에 대한 보다 발전적인 논의를 위하여 마음의 중층구조 이론과 Klein 이후 수학교육의 발전과정에서 드러난 몇 가지 연구결과를 종합하여 심성함양으로서의 함수적 사고 교육에 대한 발전적 고찰을 시도하였다.

마음의 중층구조에 의하면, 인식의 주관적 측면과 인식의 객관적 측면은 각각 이해의 원인과 계기이며 이것을 통해 마음의 변화가 일어난다. 이러한 관점에서 함수가 우리의 마음이 되는 과정은 함수 이해의 주관적 조건과 객관적 조건이 결합되는 것이라 할 수 있다. 함수 이해의 주관적 조건은 함수의 심리적 인식론적 근거에 대한 Piaget 이론과 수학적 개념 학습에 있어서 심상을 강조하였던 Freudenthal의 교수현상학적 분석에서 그 단서를 찾을 수 있다. Piaget에 따르면 수학적 함수 개념의 발생적 원천은 인간의 행동양식인 schèmes이며 schèmes의 자기 조정적 활동에 의하여 함수라는 지식을 구성한다. Freudenthal에 따르면, 함수 개념의 원천은 아동의 언어 또는 행동으로 묘사되는 심상으로서의 함수적 '관련' 그 자체라 할 수 있으며, 수학적 함수는 이러한 함수적 심상을 대상화하는 것에서 시작한다. 이러한 행동과 사고의 양식으로서 함수는 모든 사람과 관련되고 인간사고의 가장 기본적인 것으로 함수 이해의 주관적 조건이라 할 수 있다.

함수의 이해는 객관적 조건을 계기로 하여 인식 주체의 뇌리 속에서 어렴풋하였던 발생적 함수 또는 심상으로서의 함수가 발현된 것이라고 할 수 있다. 학습자의 사고 논리 속에 가정되어 있는 원인으로서의 함수는 교과 지식으로서의 함수와 현상을 계기로 하여 발현되는 것이다. 수학적 지식으로서 함수는 특별한 계기로서 하나의 '총체'를 이루고 있다고 할 수 있다.

함수의 내면화는 인식 주체자(학습자)에게 어렴풋하게 있던 함수가 외부적 계기로서의 함수라는 지식을 배움으로써 발현되는 과정이라고 할 수 있다. 특히 통합적이고 총체적인 성격의 함수적 지식을 통해 현상과 법칙을 이해하는 가장 완전한 형태의 함수를 경험할 수 있는 곳은 바로 인식 주체자의 '사고' 속이라는 점에서, 함수의 내면화는 자기의식화 과정이라고 할 수 있다. 인식주체자의 함수(마음속의 함수)가 수학화되는 과정은 곧 마음이 개발되는 과정이라는 점임을 시사한다.

Klein은 함수적 사고 교육을 통해 자연의 가장 단순한 합법칙성을 이해할 것과 정신도야를 강조한다. 특히 메란 교육과정의 마지막 학년에서 '역사적 관점과 철학적 관점을 고려한 회고'라는 항목을 둔 것은 반성적 판단의 기회를 부여하여, 우리가 개념을 사태에 적용하여 현상을 보는 것이 곧 이념을 회복하는 과정임을 느끼게 하려는 것이다. 수학을 배우고 수학을 통해 현상으로부터 자연의 법칙성을 탐구하는 과정에서 올바른 수학적 원리에 대한 이해와 그에 바탕을 둔 자연의 법칙성을 이해하면서 오는 경이감과 그것을 나의 사고 속에서 완전히 경험한다는 것을 인식하면서 형이상학적 마음이 나와 무관한 것이 아님을 깨닫는 기회를 주고자 한 방편이라 할 수 있다. Klein이 수학의 문제를 해결하는 과정에 오는 논리적 통찰력을 통해 맛보는 기쁨은 무엇과도 비교할 수 없는 높은 수준의 기쁨이라고 말하고 것도 이와 다르지 않다.

결국, 심성함양으로서 함수적 사고 교육은 Klein이 명명한 함수성(functionality), 함수적 사고(functional thinking)라는 개념 가운데 명확히 드러난다고 생각되며, 함수 개념은 단순한 수학적 개념이 아니라 Klein의 수학교육 철학을 보여주는 것이라 생각된다. 즉, 수학의 핵심 개념을 넘어서 심성함양으로서 함수적 사고교육의 가치를 드러내고자 한 것으로 판단된다.

함수적 사고 교육은 특수에서 보편으로의 후행의 과정과 보편을 특수에 적용하는 끊임없는 과정을 통해 수학과 자연 현상을 보다 포괄적이고 통일된 체계로 파악하도록 한다. 그리고 그 과정은 자기반성을 목표로 하는 소크라테스 방법처럼, 바깥의 대상을 향하던 학생의 관심을 자신의 내면으로 되돌려 이때가지 학생을 사로잡고 있던 고정관념을 제거함으로써 그 빈자리를 이념에 대한 열망이 차지하도록 만드는 것이다. 함수를 통해 인간의 외부세계(자연) 속에 어떤 질서가 있다는 것을 알게 되고 또 이러한 질서는 외부 세계와 전혀 무관해 보이는 순수한 정신 혹은 사유의 법칙으로 표현된다는 것, 즉 그것은 다름아닌 바로 인식주체자인 나 자신에서 출발한다는 것을 알게 된다. 함수를 배움으로써 작위적인 사변이 아닌 우리가 가진 함수 개념을 토대로 현상의 변화가 바로 우리 마음의 조작과 관련된다는 것을 이해하는 것이다.

지금까지 고찰을 통해서 볼 때, 일반교양 교육으로서 수학교육의 의미는 실용적인 생활의 유용성이 아니라 심성함양, 즉 형이상학적 마음의 회복이다. 특히 마음의 중층구조 관점에서 Klein의 수학교육론을 재해석한 결과, 실용적 가치, 과학 기술의 직접적인 유용성의 가치로만 생각하였던 현재의 수학교육과정 이면에는 심성함양으로서의 가치가 중심에 놓여 있음이 드러났다고 생각된다.

수학교과의 지식은 「기신론」의 상념과 마찬가지로 진여의 표현이며, 마음이 진여로 향하게 되는 데에 의지할 수 있는 중요한 그리고 유일한 발판이다. 이 발판을 의지하지 않고 깨달음을 얻기란 불가능하다. 그러나 상념은 어디까지나 발판이며 그것에 의지하여 마음을 진여로 향하도록 하는 데에는 특별한 노력이 필요하다. 교육과정이라는 것은 근본적으로 이러한 특별한 노력을 위한 것이라고 해도 과언이 아닐 것이다. Klein이 구현하였던 수학교육과정도 이와 다르지 않다. 특히 Klein은 보다 통합적인 개념인 함수를 배워 총체적인 이해를 바탕으로 하여 상식적으로 자명한 세계의 의미를 드러내고 올바로 조명하고자 하였다. 함수적 사고를 통해 경험적 판단들의 기본적 원리에까지 거슬러 올라가서 그 경험적 판단들이 궁극적으로 성립할 수 있도록 하는 기본 원리를 추구하길 원하였던 것이다. 함수를 통해 외부 세계를 탐구하는 과정에서 Kant가 말한 자연의 합목적성은 경험적 법칙의 탐구 과정에서 발견되는 법칙이 아니라 경험적 법칙의 탐구를 가능하게 하는 것임을 느끼도록 하고자 하였던 것이다. 이렇게 본다면 결국 Klein의 수학교육과정이 기초가 된 현대 수학교육과정 이면에는 심성함양의 의미가 그 핵심이라고 할 수 있는 것이다.

손이 허공을 움켜 쥘 수 없고 허공 역시 손을 감출 수 없듯이, 우리는 경험적 마음으로 형이상학적 마음을 완전히 경험할 수도 없고, 형이상학적 마음도 경험적 마음을 떠나서 존재할 수 없다. 그러나 꽃이 허공 속에서 피어나듯 우리의 마음도 지식을 통해 길러진다. 심성함양으로서 함수적 사고교육은 별도의 경로를 통해서가 아니라 바로 학교 수학으로서 함수를 통해서 가능하다. 물론 눈으로 볼 수 있는 것, 말할 수 있는 것에 의존하여 볼 수 없고 말할 수 없는 것을 전달하는 것은 결코 쉬운 일은 아니다. 이것은 무엇보다도 함수에 대한 교육내용에 표현되어 있는 그 마음을 끊임없이 탐색하는 일인 것이다. 따라서 교육은 처방적이기보다는 인간의 마음에 대한 이해를 바탕으로 해야 하며, 목적은 도달점인 동시에 출발점이 되듯이, 수학 교육은 수학의 '형식'을 강조함으로써 심성함양을 그 목적으로 해야 하는 것이다.

참고문헌

교육 인적 자원부, 초등학교 교육과정해설(IV), 대한교과서 주식회사.

교육부, 중학교 교육과정 해설(III), 대한교과서 주식회사.

교육부, 고등학교 교육과정 해설 5 수학, 대한교과서 주식회사.

교육부, 수학과 교육과정(제7차 교육과정), 대한교과서 주식회사.

김영한(1997), 인문학적 역사학의 부활, 용본논총 26집, pp.291-306, 전남대학교 인문과학연구소.

______(1998), 르네상스 인문주의의 본질과 특성, KRF 연구결과 논문, 역사학회.

강현영(2003), 불교사상을 통해서 본 수학교육의 정신도야적 가치, 서울대 대학교 석사학위 논문.

고정화(2005), 학령 초의 활동주의적 수 개념 구성에 대한 연구, 서울대 대학원 박사학위 논문.

고후순(1992), 프뢰벨의 유아교육사상, 효성여자대학교 대학원 박사학위논문.

김광민(2005), 교과교육의 정당화: 중층구조의 관점, 도덕교육연구 제17권 1호, pp.107-131, 한국도덕교육학회.

김용운, 김용국(1996), 수학사대전, 서울: 우성.

구리나(2004), 마음의 중층구조에 비추어 본 이해의 개념; 부버와 대승기신론, 서울대 대학원 석사학위 논문.

김병희(1985), 교육적 개념으로서의 이해, 서울대 대학원 석사학위 논문.

구광조, 오병승, 류희찬(1998), 수학교육과정과 평가의 새로운 방향, 서울: 경문사.

나일수(1998), 르네상스 인문학의 성격과 한계, 서울대 대학교 박사학위 논문.

馬 鳴, 대승기신론, 이홍우(역주), 1991, 서울: 경서원.

박교식(1992), 함수 개념 지도의 교수현상학적 접근, 서울대 대학원 박사학위 논문.

______(1999), 우리나라 제 7 차 수학과 교육과정의 7-가 단계 내용 중 함수 부분에 관한 비판적 고찰, 학교수학, 제1권, 2호, 대한수학교육학회, pp.401-415.

박은주(2000), 격물치지론의 교육학적 함의, 교육의 동양적 전통 I, 성경재 연구총서 2, pp.443-471, 서울: 성경재.

박천환(2002), '自得'의 개념에 비추어 본 교육의 목적으로서의 이해, 도덕교육연구, 제147권 2호, pp.1-22, 한국도덕교육학회.

박채형(2002), 교과의 내면화 이론: 주역의 교육학적 해석, 서울대 대학원 박사 학위논문.

신춘호(2005), 교육이론으로서의 칸트 철학: 판단력 비판 해석, 서울대 대학원 박사학위 논문.

우정호(1999), 학교수학의 교육적 기초, 서울대학교 출판부.

_____(2000), 수학 학습-지도 원리와 방법, 서울대학교 출판부.

_____(2005), '인간교육'을 위한 주요교과로서의 학교수학, 수학교육학논총, vol.26, 대한수학교육학회, pp.1-20.

우정호 외 4인(2004), 역사발생적 수학교육 원리에 대한 연구, 학술진흥재단 연구보고서 KRF-2002-074-BS1051.

유지영(1987), N. Oresme의 De Configurationibus에서의 기하학적 논의의 구조와 성격, 서울대 대학원 석사학위 논문.

이세진(1998), 형식도야이론과 인문주의교육에 나타난 형식의 의미와 교과의정당화, 서울대 대학원 석사학위논문.

이승은(2003), 대승기신론에 나타난 개념적 사고의 교육학적 의의, 서울대대학원 석사학위 논문.

이홍우(1994), 태양과 선분과 동굴; 플라톤「국가론」에서의 지식과 교육, 한기언(編) 교육국가의 건설; 교육의 세기와 기초주의, 서울: 양서원, pp.251-277.

_____(2000a), 교육과정탐구, 서울: 박영사.

_____(2000b), 교육의 목적과 난점, 서울: 교육과학사.

_____(2000c), 성리학의 교육이론, 서울: 성경재.

_____(2004a), 심성과 방편, 미출간 간행물, 성경재, 2004.

_____(2004b), 교과의 선험적 차원, 미출간 간행물, 성경재, 2004.

_____(2006), 대승기신론 통석, 서울: 김영사.

이홍우, 유한구, 장성모(2003), 교육과정이론, 서울: 교육과학사.

이홍우 외 3인(1984), 교육학개론, 서울: 교육과학사.

이환기(1998), 헤르바르트의 교수이론, 서울: 교육과학사.

임병덕(1998), 키에르케고르의 간접전달, 서울: 교육과학사.

_____(2004), 칸트와 키에르케고르 : 언어의 한계와 가능성, 도덕교육연구 제16권 1호, pp.29-49, 한국도덕교육학회.

임재훈(1998), 플라톤의 수학교육철학, 서울대학교 대학원 박사학위논문.

장발보(2003), 판단에 의한 자연과 자유의 연결, 서울대 대학원 석사학위 논문.

장성모(2004), 교과교육과 심성함양, 수학교육학논총, vol.25, 대한수학교육학회, pp.1-13.

_____(2005), 마음의 중층구조와 교육의 종교적 의미, 도덕교육연구 제17권 1호, pp.223-243, 한국도덕교육학회.

정영근(1991), 독일 신인본주의 교육사상과 인간도야의 이념, 교육철학 9호, 한국교육철학회.

정영옥(1997), Freudenthal의 수학화 학습-지도론 연구, 서울대학교 대학원 박사학위논문.

정혜진(2004), 칸트 철학과의 관련에서 본 프뢰벨의 교과이론, 서울대학교 대학원 박사학위 논문.

차미란(1997), '철학자-군주'에 반영된 도덕적 삶의 의미, 도덕교육연구 제9권, pp.150-176, 한국도덕교육학회.

_____(2003), 오우크쇼트의 교육이론, 서울: 성경재.

한대희(2000), 인간교육으로서의 수학교육, 서울대대학교 대학원 박사학위논문.

한상원(2000), 여래와 교사; 대승기신론의 교육학적 의미, 서울대학교 대학원 석사학위 논문.

丸山哲郎(1972), 數學教育改革論, 東京: 明治圖書.

小倉金之助(1928), 現代 數學教育の 改造, 東京: モナス.

_________(1937), 科學的 精神と數學 教育, 東京: 宕波書店.

小林佐平(1934), Perry, Moore, Klein 新數學教育論の根本思想, 東京: モナス.

片桐重男(1988), 수학적인 생각의 구체화, 정동권외 3인(역), 1999, 서울: 경문사.

Reorganization of Mathematics in Secondary Education(1922), A Summary of the report by The National Committee on Mathematical Requirement, Washington Government Printing Office.

Atkinson. L(2002), Where do Functions come from?, The college mathematics journal, vol. 33, no. 2, pp.107-112.

Bochner. S(1963), The significance of some basic mathematical concepts for Physics, Isis, vol. 54, no. 2, pp.179-205.

Boyd, W (1964), The history of Western Education, London: Adam & Charles Black, 이홍우, 박재문, 유한구(역), 서양 교육사, 서울: 교육과학사, 1996.

Boyer, C. B(1946), Proportion, Equation, Function: Three steps in the development of a concept, Scripta mathematica 12. pp.5-13.

__________(2000), 수학의 역사 상·하, 양영오, 조윤동(역), 서울: 경문사.

Bruner J. S(1959), The Process of Eduction, 이홍우(역), 브루너의 교육의 과정, 서울: 배영사, 1997.

Eli Maor (2000), e: The Story of Number, 1994, 오일러가 사랑한 수 e, 허민(역), 서울: 경문사.

Birkhoff. G & M. K. Bennett (1988), Felix Klein and His "Erlanger Programm", History and philosophy of modern mathematics, A spray william, pp.145-176.

Bergeron & Herscovics(1982), Levels in the understanding of the function concept, Conference on functions, SLO Foundation for curriculum development, pp.39-46.

Freudenthal, H(1982), Variables and Functions, Conference on functions, SLO Foundation for curriculum development, pp.7-20.

____________(1983), Didactical Phenomenology of Mathematical Structures, Dordrecht: D. Reidel Publishing Company.

Froebel. F (1900), The Education of Man, Translation by W. N. Hailmann, New York: D.

Appleton and Company, 서석남(2006), 인간의 교육, 서울: S.F.M 연구소 출판부.

Galieo Galile (1996), 새로운 두 과학, 이무현(역), 서울: 민음사.

Glas. E(2002), Klein's Model of Mathematical Creativity, Science & Education 11, no. 1, pp.95-104.

______(1993), From Form to Function - A Reassessment of F. Klein's Unified Programme of mathematical Research, Education and Development, Studies in History and philosophy of science, vol. 24, no. 4, pp.611-630.

George Bruce Halsted, Klein's Evanston Lectures, The annals of mathematics, vol. 8, no 1/6(1893-1894).

Georges, J. S(1929), Functional thinking as an objective of mathematical education, School science and Mathematics, vol 29, pp.508-608.

Hamley, H. R (1934), Relational and Functional Thinking in Mathematics, New York : The National Council of Teacher of Mathematics.

Hawkins. T (1984), The Erlanger Programm of Felix Klein: Reflections on its place in the history of mathematics, Historia Mathematica 11, pp.442-470.

Jahnke, H. N. & Otte, M(1982), Complementarity of theoretical terms-Ration and proportion as an example, Conference on functions, SLO Foundation for curriculum development, pp.97-113.

Kant, I(2005), 순수이성비판, 최재희(역), 서울: 박영사.

Klein, F(1872), 'Erlanger Antrittsred', A Transcription with English Translation and commentary, D E. Rowe, Historia Mathematica 12, 1985, pp.123-141.

______(1894), Lectures on Mathematics, Macmillan & Company.

______(1902), Aber den mathematischen Unterricht an den höheren Schulen, Jahresbericht der Deutschen Mathematiker-Vereinigung, vol. 11, pp.128-141.

______(1905), Der Meraner Lehrplan für Mathematik, Vorträge über den Mathematischen Unterricht an den Höheren Schulen, F. Klein and R. Schimmack (1907) Leipzig: Druck und Verlag von B. G. Teubner, pp.213-220.

______(1900), F. Klein to F. Althoff, 15-16 May 1900, Nachlass Felix Klein, Schubring, G (1989) Pure and Applied Mathematics in Divergent Institutional Settings in Germany: The Role and Impact of Felix Klein, Appendix II, pp.211-220.

______(1939), Elementary Mathematics; From an advanced standpoint, Arithmetic·Algebra·Analysis, New York: Dover Publication.

______(1939), Elementary Mathematics; From an advanced standpoint, Geometry, New York: Dover Publication.

Klein, F and Riecke, E(1904), Neue beiträge zur frage des mathematischen und physikalischen unterrichts an den höhere schulen, Leipzig und Berlin: Druck und Verlag von B. G. Teubner.

Klein, F and Schimmack, R(1907), Vorträge über den Mathematischen Unterricht an den Höheren Schulen, Leipzig: Druck und Verlag von B. G. Teubner.

Kline, M(1972), Mathematical thought from ancient to modern times, Oxford university press.

Kleiner, I(1989) Evolution of the Function Concept : A Brief History, The College Mathematics Journal, Vol. 20, No. 4, pp.282-300.

Krejca, S. A.(1992), The origins of calculus in the medieval period, Doctoral dissertations of University of Illinois at Chicago.

Körner, S(1955), Kant, London: Cox & Wyman Ltd.

Kuyk. W(1977), Complementarity in Matheamtics; A first Introduction to the Foundations of Mathematics and Its History, D. Reidel publishing company.

McComas. K. K(2000), Felix Klein and the NCTM's standards - A mathematician considers mathematics education, Mathematics teacher, vol.93, no. 8, pp.714-717.

Moore. E. H(1906), The Cross-section paper as a Mathematical Instrument, School Science and Mathematics, vol. VI, no. 6, pp.429-450.

Nelson. L(1949), The Socratic Method, Socratic Method and Critical Philosophy : Selected Essays, pp.1-43, N.Y: Dover Publication, INC. 김안중(역), 소크라테스의 방법, 2006, mimeographed.

________(1949), The Art of Philosophizing, Socratic Method and Critical Philosophy : Selected Essays, pp.83-104, N.Y: Dover Publication, INC. 김안중(역), 소크라테스의 방법, 2006, mimeographed.

Nettleship. R. L(1935), The Theory of Education in Plato's 'Republic', 플라톤의 교육론, 김안중(역), 1989, 서울: 서광사.

Nunokawa. K(2001), Surprises in Mathematics Lessons, For the Learning of Mathematics. vol. 21, no. 3, pp.43-50, FLM Publishing Company.

Otte. M(1990), Arithmetic and Geometry: Some Remarks on the concept of Complementarity, Studies in philosophy and education, vol. 10, pp.37-62.

_______(2003a), Does Mathematics have objects? In what sense?, Synthese 134, pp.181-216.

_______(2003), Complementarity, Sets and Numbers, Educational studies in Mathematics, vol. 53, pp.203-228.

Peters. R. S(1997), 윤리학과 교육, 이홍우(역), 서울: 교육과학사.

Piaget. J et al(1977), Epistemology and Psychology of Function, Boston-U.S.A: D. Reidel publishing company.

Pyenson, L(1983), Neohumanism and the persistence of Pure Mathematics in Wilhelmian Germany, American Philosophical Society.

Rowe. D. E(1983), A Forgotten chapter in the History of Felix Klein's Erlanger Programm, Historica Mathematica 10, pp.448-457.

__________(1985), Felix Klein's Erlanger Antrittsrede; A Transcription with English Translation and commentary, Historia Mathematica 12, pp.123-141.

__________(1994), The philosophical views of Klein and Hilbert, The intersection of history and mathematics, Science Networks history in studies 15, pp.187-202.

Schubring, G(1989), Pure and Applied Mathematics in Divergent Institutional Settings in Germany: The Role and Impact of Felix Klein, The History of Modern Mathematics, San Diego: Academic press, INC.

Sfard. A(1992), Operational Origins of Mathematical Objects and the Quandary of Feification-The case of Function, In Harel, G & Ed Dubinsky, The Concept of Function: Aspects of Epistemology and Pedagogy, Mathematical Association of America, MAA Notes Vol. 25, pp.59-84.

Sierpinska. A(1992), On understanding the notion of Function, In Harel, G & Ed Dubinsky, The Concept of Function: Aspects of Epistemology and Pedagogy, Mathematical Association of America, MAA Notes Vol. 25, pp.25-58.

Youschkevitch, A. P(1976) The Concept of Function up to the Middle of the 19th Century, Archive for History of Exact Sciences 16, pp.37-85.

찾아보기

■ 강현영
서울여자대학교 수학과 졸업
서강대학교 교육대학원 수학교육과(교육학 석사졸업)
서울대학교 사범대학 수학교육과(교육학 석사졸업)
서울대학교 사범대학 수학교육과(교육학 박사)
현재 성균관대학교, 서울여자대학교, 경인교육대학교 강사

수학교육학총서시리즈Ⓐ 수학교육철학 4
심성함양으로서의 수학교육
지은이 강현영
펴낸이 박문규
펴낸곳 KM 경문사
펴낸날 2008년 4월 15일 1판 1쇄
등 록 1979년 11월 9일 제 9-9호
주 소 121-818, 서울특별시 마포구 동교동 184-17
전 화 (02)332-2004 팩스 (02)336-5193
E-mail kms2004@kyungmoon.com

값 9,000원

ISBN 978-89-6105-108-8
89-7282-723-1(세트)